GW01464991

# Au cœur de mon combat

Mélanie Lebihain

# Au cœur de mon combat

© 2019 Mélanie Lebihain

Éditeur : BoD-Books on Demand
12-14 rond-point des Champs-Élysées, 75008 Paris
Impression : Books on Demand, Norderstedt, Allemagne

ISBN : 978-2-3220-9547-6
Dépôt légal : Juillet 2019

Je tiens à remercier :

- Ma famille et Sylvie pour leur soutien inébranlable.
- Les ambulanciers et tout le personnel soignant pour leur bienveillance au quotidien.
- Marie pour la correction du livre.

## 1.    CE FAMEUX RENDEZ-VOUS

Je partage aujourd'hui mon histoire et mon combat contre le cancer du sein qui touche tellement de femmes.

Je l'écris pour aider les personnes qui traversent la même chose, et aussi pour leur famille, leurs amis qui sont loin d'imaginer réellement par tout ce que l'on passe. J'espère sensibiliser et informer.

Je le fais aussi en tant qu'exutoire car je me sers du passé pour aller de l'avant. J'en ressors différente, avec une force de vie plus importante et de nouvelles priorités plein la tête.

Voici mon histoire … L'histoire de tant de femmes, tant d'hommes et tant d'enfants, car malheureusement de nombreuses personnes sont touchées par une multitude de cancers.

C'est un simple rendez-vous qui va bousculer toute ma vie. Ce 27 décembre 2017, lors d'un rendez-vous banal, à ma grande surprise, ma gynécologue découvre deux grosseurs à mon sein gauche. Je n'avais rien remarqué. Absolument rien. Certes, j'avais des migraines qui étaient bien présentes, j'étais fatiguée mais jamais je n'en n'aurais imaginé la cause. Je mettais tout ça sur le compte de mon travail pour lequel je m'investissais entièrement. Il s'ensuivra une échographie mammaire, où l'on me dira que c'est très probablement des adénofibromes bénins.

Le radiologue notera même dans son compte-rendu, "discussion d'une surveillance simple, rigoureuse ACR3 avec échographie dans 4 mois ou plus probablement poursuite par micro biopsie, selon l'avis de la gynécologue." Heureusement pour moi, elle choisira de programmer très rapidement une échographie avec un spécialiste. Qui, lui aussi, prononcera ces mêmes mots "échographie mammaire confirmant l'existence d'une petite formation nodulaire hypo échogène évocatrice d'un simple adénofibrome, pour laquelle une ponction biopsie sous contrôle échographique est programmée." Il ira jusqu'à me dire qu'il n'y a que 1% de risque pour que ce soit cancéreux. Cela aurait dû me rassurer. Malheureusement, l'inquiétude restera présente jusqu'au verdict définitif.

Le jour de la biopsie, le radiologue, ce même Monsieur qui ne s'inquiétait pas quelques jours auparavant, paraissait plus tendu, plus distant. Un regard furtif, des réponses vagues, qui m'ont confortée dans la possibilité que ce soit cancéreux.

Les résultats de la biopsie seront prêts dans quinze jours, trois semaines. Une attente qui allait se montrer interminable.

Une petite présentation s'impose : Je suis une jeune femme de 32 ans, mariée, mère de deux enfants, une petite fille de 6 ans, et un petit garçon de 3 ans. Assistante maternelle depuis quelques mois, je découvre le plaisir de concilier le travail, la maison et la vie de maman. Trois petits, en plus de mon fils, occupent toutes mes journées.

De plus, nous sommes en projet de construction, le prêt a été accepté et la maison prend bien forme. L'emménagement dans notre petit chez nous est prévu pour avril.

Une vie parfaite à mes yeux, amour, famille, maison, travail. Tout va bien. Je suis comblée !

Un petit tour sur ma personnalité. Je suis simple et sérieuse. J'aime tout prévoir à l'avance. J'irais même jusqu'à dire que je ne supporte pas l'inconnu. Ne pas savoir ce qui va se passer me met dans une situation inconfortable. Je stresse facilement, jusqu'à m'en rendre malade. Depuis mon adolescence, j'essayais de me débarrasser de cette partie de moi. Une psycho-thérapeute m'avait aidée, pendant la période du lycée, en me prodiguant des séances d'hypnose érikstonnienne. J'étais consciente de tout ce qui se passait et tout ce qui se disait. Il s'agissait d'accéder au subconscient pour effacer les idées négatives profondément ancrées car je souffrais d'un réel manque de confiance en moi. Après avoir réalisé 7 séances d'hypnose, je me sentais déjà différente. J'ai pu me présenter à mon BAC plus sereinement et réussir à l'obtenir.

Mais le stress revenait assez facilement dans la vie de tous les jours. Un imprévu, un conflit avec une personne que j'apprécie ...

Et là, je vais devoir travailler sur moi pour accepter tout ce stress et ces émotions qui vont surgir de partout. Vais-je en être capable ?

## 2.    UNE ANNONCE EFFRAYANTE

Le 24 Janvier 2018, une date qui restera à jamais gravée dans ma mémoire. Le jour où tout bascule en une fraction de seconde. Le jour où le grand combat commence.

14h30 mon téléphone sonne, une sensation étrange me saisit, comme si j'avais deviné ce qui allait se passer. Je ne décroche pas, restant paralysée avec une boule au ventre, à regarder mon téléphone vibrer et s'éclairer.

Ce ressenti monte d'un grade en apercevant le logo du répondeur s'allumer sur mon téléphone. Quand j'entends la voix de ma gynécologue, son intonation, son discours, me font froid dans le dos :

- Bonjour Madame, vos résultats de biopsie sont arrivés, je suis désolée mais ce n'est pas bon. Vous allez sûrement devoir vous faire opérer. Je prendrais de vos nouvelles à mon retour. Tout va bien se passer. Appelez votre médecin, il a aussi les résultats. Il vous en dira plus ...

Elle ferme son cabinet et s'apprête à partir en vacances. Elle ne pourra plus me joindre après, et veut faire le suivi jusqu'au bout. M'annoncer cette nouvelle de vive voix. Ce que je trouvais très honorable. Mon corps est lourd, j'entends résonner ses paroles. Je m'écroule sur le sol, horrifiée et apeurée par cette annonce.

Mon corps tremble, mes yeux coulent tels une rivière. Je me ressaisi, et prends la décision d'appeler mon médecin traitant, tout ça n'est sûrement qu'une grossière erreur. Le temps me paraît être une éternité. Le téléphone sonne, la secrétaire me fait patienter de longues minutes qui me paraissent des heures.

Et là, boum deuxième coup de massue sur la tête, c'est bien moi, c'est bien mon dossier. On parle bien de mon sein, et d'un cancer. Je pleure, je tremble, je me rassois sur le sol. Je n'ai plus de force, je n'entends plus rien. Un vrai cauchemar, on ne peut pas s'imaginer vivre ça un jour. Quand ça nous tombe dessus, on est désemparée, prise par un tas de sensations que l'on n'arrive pas vraiment à cerner. La peur, le stress, l'effroi, le doute, l'incompréhension, la colère...

Mon mari dort, car il travaille la nuit. Il est tranquille, apaisé, loin de s'imaginer ce qui se passe. Je sens le besoin d'aller le voir, le réveiller et partager ce moment extrêmement difficile avec lui. Je ne peux pas attendre qu'il se réveille. C'est trop dur. J'entre dans la chambre, je m'assois sur le lit et je l'appelle doucement. Il se réveille en sursaut et me voit en pleurs.

- Que se passe-t-il ? Me demande-t-il.

- Ma gynéco vient d'appeler, elle a eu mes résultats, ce n'est pas bon.

Son regard, oh son regard, sa tristesse, je m'en souviendrai toujours. Il me prend dans ses bras sans attendre une minute, et nous pleurons ensemble.

- J'ai peur, tellement peur. Repris-je.

Mes dents claquent, mes bras, mes jambes tremblent. Mon corps devient incontrôlable. L'annoncer à mon mari rend tout ceci plus réel. Ce n'est donc pas un cauchemar. Mille et une questions se bousculent dans ma tête. Mais aucune réponse à l'horizon.

- Elle t'a dit quoi la gynéco ?

- Que ce n'est pas bon et qu'il va falloir opérer. Mais c'est un cancer alors ? Tu crois que j'ai un cancer ? Mais ce n'est pas possible, je vis un cauchemar.

- Ca va aller. Je t'aime ma chérie. Réplique mon mari.


Mon corps devient fou. Il ne m'appartient plus. Je tremble, j'ai envie de vomir. J'ai mal au ventre et j'ai l'impression d'être dans un autre monde, comme si j'étais spectatrice de cette scène. Une sensation tellement étrange, effrayante. Je suis désorientée et paniquée par tout cela. Nous avons rendez-vous le soir même, avec le médecin. Il faut s'organiser pour faire garder nos enfants car je ne veux pas qu'ils soient témoins de cette scène. Je me décide à joindre mes parents. Je sais déjà la peine, la peur que je vais leur procurer. Ça m'effraie. Ma mère décroche :

- Coucou ma chérie, ça va ?

- Oui. enfin non pas vraiment. Tu peux mettre le haut parleur pour que papa entende s'il te plait.

Ma tête fait Boum Boum. J'ai l'impression que mon cœur va sortir de ma cage thoracique. J'ai la gorge sèche et serrée.

- C'est fait, répond ma mère, qu'est ce qu'il t'arrive ma chérie ?

Je leur explique la situation en essayant de garder mon calme. C'est dur, je ressens leur peine à l'autre bout du fil, mais ils gardent leur sang froid, et restent positifs.

On ne sait pas grand chose pour le moment, ça sera plus clair ce soir. En attendant j'essaie de ne pas m'alarmer. Mon regard se pose sur mon mari qui a un regard si triste lui aussi.

## 3.   CONFIRMATION DU MEDECIN

C'est une vraie bombe qui vient d'éclater à la maison, mais il va falloir garder son calme pour les enfants.

Il est 16h30, ils se réveillent, je ne veux surtout pas les inquiéter. Je sèche mes larmes et je respire calmement. Je me mets une carapace pour ne rien leur montrer. C'est parti, on y va. Mon mari m'aide, il est inquiet mais essaie de ne pas le montrer.

Je leur donne le goûter tout en essayant de garder mon calme et mon sourire. Mais il me tarde de voir le médecin pour avoir quelques réponses. Un tas de questions fusent dans ma tête, j'ai toujours cette sensation d'être dans un mauvais film, ça paraît tellement énorme, impossible.

A 17h45, on arrive chez mes parents, qui habitent à 10 minutes. Je prends une grande inspiration avant de sortir de la voiture. Je ne veux pas accentuer leur peine et leur stress. Je me rends tout de suite compte que mes parents adoptent la même attitude que moi. Ça me convient et me rassure.

Notre façon de faire est-elle la bonne ? Je ne sais pas. Est-ce que ça nous protège ? Oui sûrement.

18h, nous entrons dans la salle d'attente du médecin. Je tiens fermement la main de mon mari. Je tremble de nouveau mais je contrôle de mieux en mieux. Un homme est assis en face de nous et un autre à notre gauche. Quand mon regard croise le leur, j'ai l'impression qu'ils savent pourquoi je suis là, comme si le mot "cancer" est marqué sur mon front. Mon téléphone sonne, je décroche, et là, cette voix qui m'a procuré tant de frissons tout à l'heure, ma gynécologue veut absolument me parler au téléphone avant son départ. Elle avait prit mon numéro de portable pour me joindre de l'aéroport. Elle s'excuse pour cette annonce brutale et m'explique qu'elle ne veut pas partir en vacances à l'étranger, pendant 10 jours, sans pouvoir me donner les résultats auparavant. Ça n'était pas professionnel pour elle. Je la remercie sincèrement, car même si son message m'a fait un choc, son empathie, son dévouement à m'expliquer elle-même le résultat, m'ont touchée. Je la comprends parfaitement. Elle m'explique qu'il faudra sûrement une opération mais que je vais avoir un très bon suivi, et que tout se passera bien.

Je me sens rassurée même si tout ça reste toujours aussi vague pour moi. Je retourne en salle d'attente et raconte cette conversation à mon mari. Le médecin arrive, mes jambes sont lourdes, j'ai chaud. Je me sens faible.

Enfin je vais avoir des réponses.

Quelle opération ? Quand ? Où ? Est-ce qu'il faut de la chimio ? Est-ce que c'est grave ? Est-ce que je peux mourir ?

Elle m'explique un petit peu la situation. Toujours les mêmes mots qui se répètent. Cancer, tumeurs, spécialiste, opération... Elle a déjà contacté le centre de cancérologie qui est à 1 heure de chez nous et un rendez-vous est prévu ce lundi 29 Janvier. Je rencontrerai l'oncologue, le chirurgien, une assistante sociale. Des examens complémentaires seront peut-être réalisés, il faut donc prévoir notre journée. Ca va être un long parcours, je dois être forte et courageuse.

Elle me met en arrêt de travail et j'ai du mal à l'accepter. Je ne me sens pas malade, alors devoir arrêter de travailler du jour au lendemain pour une durée indéterminée me rend bien triste. Et puis, ne pas avoir pu préparer cette rupture avec les petits que je garde, me paraît difficile et anormale. Mes enfants et moi-même sommes habitués à eux, à leur présence. Un lien se crée rapidement. Les parents vont devoir trouver une nouvelle assistante maternelle en catastrophe, leurs enfants vont devoir s'habituer à de nouvelles règles, et à une nouvelle maison. Ils se retrouvent dans une situation compliquée et je me sens responsable malgré moi.

Le médecin m'annonce au moins un an d'arrêt de travail, ça me parait tellement énorme.

Le week-end dans l'attente, le doute et le questionnement paraît long. Mais j'essaie de profiter des moments présents avec mon mari et mes enfants. Le temps est comme suspendu dans l'air. Une sensation très étrange pèse sur moi.

La nuit de dimanche à lundi me semble très courte, agitation, cauchemars furent au rendez-vous.

## 4.   LE CENTRE DE CANCEROLOGIE

A l'heure du rendez-vous je suis finalement assez calme et sereine, mon mari est à mes côtés. Nous sommes pressés d'en savoir plus sur ce qui nous attend.

Une porte s'ouvre. Un homme en blouse blanche m'appelle. A quoi dois-je m'attendre ? Que va t'on me dire ? Est-ce grave ? Est-ce pris à temps ? Que de questions se bousculent dans ma tête !

Nous entrons, un peu crispés, il nous présente une oncologue et une assistante sociale, je crois. J'avoue que la pression monte d'un coup, avec l'impression d'être dans une bulle. On me parle mais je n'entends, ne comprends pas tout. Cet homme, c'est le chirurgien. Il veut m'examiner et procède à la palpation du sein gauche, il sent bien les deux grosseurs. L'autre sein est normal. Sous les aisselles, rien. Je me rhabille.

S'en suit une discussion sur mes antécédents médicaux, chirurgicaux, et sur ceux de ma famille. Ainsi que ma vie familiale. Mes grossesses... Une tonne de questions/réponses.

Il m'explique que je vais aller faire une mammographie et que l'on se revoit juste après avec les résultats. Il m'expliquera tout ensuite.

La secrétaire nous accompagne alors jusque dans le service, et nous demande de patienter. C'est la première fois que je vais passer une mammographie. Je connais le principe mais je me demande tout de même comment cela va se passer, et bien sûr quel résultat aurais-je.

Une dame s'approche. Je dois la suivre et me mettre torse nu. Un peu gênée, je m'avance vers la machine. La dame, la trentaine, douce et calme, me met tout de suite à l'aise. L'examen commence, ca m'écrase la poitrine, je me sens oppressée, je respire calmement jusqu'à la fin. Ça fait mal à la poitrine, aux côtes et aux épaules. La machine s'appuie contre moi, les secondes paraissent être des minutes. Ça y est c'est fini. La voix très douce et très calme de la jeune femme, me dit de retourner dans la salle d'attente du chirurgien.

La porte est entrouverte, il nous attend. Je lui donne le dossier que l'on m'a confié. Il le regarde longuement, prend son temps. J'essaie de lire dans son regard, mais rien. La peur me saisit. Après quelques longues minutes, il finit par nous dire :

- Vous avez les seins trop denses. Il y a des zones d'ombres, mais on ne voit pas les détails, poursuit-il. Il va falloir passer une IRM avant l'opération pour être sûr de ne rien louper.

Je reste sans voix, sans trop savoir quoi répondre. Il enchaîne :

- Vous êtes très jeune, nous allons attaquer fort pour combattre ce cancer. Je vais commencer par une opération. Une tumorectomie, ça consiste à enlever les 2 tumeurs. Vous aller donc pouvoir conserver votre sein.

Un sourire s'affiche spontanément sur mon visage Il continue :

- Vous aurez sans doute de la chimiothérapie et des rayons. A la suite de l'opération, nous en saurons plus, car nous allons effectuer des prélèvements pour analyser les tumeurs et adapter les traitements au maximum. Pour l'instant, nous considérons votre cancer au stade 2.

Les stades vont de 0 à 5. Je suis rassurée que ce ne soit pas plus avancé, mais je me dis également, un stade 2 quand même...

- D'accord, lui dis-je seulement. Restant un petit peu sans voix.

- Nous allons fixer ensemble la date de l'opération. Alors... Je peux vous proposer mercredi 7 février.

Mon cœur fit un bon dans ma poitrine. Avec une boule au ventre et un rire nerveux je lui répond :

- Le 7 février déjà ? C est la semaine prochaine ? Il me sourit et acquiesce

- Ca fait un petit peu tôt, je ne me sens pas prête. Je souris.

- Je comprend, dit-il. Le 20 février alors ?

- D'accord, oui le 20.

La date est fixée. C'est stressant mais en même temps j'ai hâte de ne plus avoir ces tumeurs et pouvoir commencer le combat.

La conversation se poursuit, avec des explications, des questions/réponses, et d'autres prises de rendez-vous : IRM mammaire, anesthésiste, scintigraphie cardiaque, scintigraphie osseuse et j'en passe...

Il me demande également si nous avions un projet bébé pour le futur. Mon regard croise celui de mon mari, on se sourit, et je lui réponds :

- Oui, pas dans l'immédiat, mais nous avons effectivement en projet d'avoir un troisième enfant. Il nous explique alors qu'avec la chimio il y a un risque de stérilité. Il nous propose de faire une préservation ovocytaire afin de congeler mes ovocytes pour plus tard. Nous allons y réfléchir. C'est tout une procédure qui en vaut la peine.

## 5.   UN EXAMEN REVELATEUR

Les jours suivants sont redevenus presque normaux. Je ne me sens pas malade. Le cancer, c'est tellement sournois, il est là, présent en nous, mais on ne le sait pas, on ne le sent pas. Cette maladie est invisible. J'ai réussit à rester moi-même, positive, et dynamique !

Annoncer la maladie à mon entourage est une tâche très difficile. Je n'ai pas vraiment de peine pour moi-même, mais j'ai peur d'attrister les autres. Dès que je l'annonce, je sens une émotion forte dans leur regard, dans l'intonation de leur voix.

Le 12 février, date de l'IRM mammaire. J'y vais très sereine. Je ne me pose aucune question. C'est juste une précision supplémentaire pour le chirurgien, donc rien d'inquiétant.

L'examen se déroule calmement et à son issue, on me demande de passer en salle d'attente car un médecin veut me voir. Ce qui m'intrigue directement, car dans chaque pièce, des affiches stipulent que les résultats seront donnés ultérieurement.

J'attends un moment, je dois être patiente, ce qui n'est pas dans mes habitudes.

Le médecin arrive et me demande la localisation précise de mes 2 tumeurs. Je lui montre. Elle regarde, touche. Je commence à me demander ce qui se passe. Elle m'explique :

- Une zone foncée apparaît sur l'RM. A distance des tumeurs, elle pourrait signifier qu'il y aurait une masse cancéreuse dans le bas de votre sein, ce qui engendrerait une modification du type d'opération.

Je reste sans voix, le souffle court. Moi qui était sereine, me voilà maintenant inquiète. Je prends sur moi et réponds :

- Il faudrait m'enlever le sein entièrement ?

- Je ne peux pas savoir comme cela, je vais devoir vous programmer une échographie. Je vois que vous avez rendez-vous avec l'anesthésiste après-demain dans l'après-midi, seriez-vous disponible pour que l'on se voit le matin ?

J'hésite, étant à 1h de route, je devrais rester toute la journée là-bas. Je n'ai pas vraiment le choix, je confirme donc le rendez-vous.

- Après l'écho j'en saurai plus du coup ?

- Oui me dit-elle. Ça sera plus précis, on connaîtra exactement les localisations des tumeurs.

- Vous me stressez Docteur. ( Rire nerveux. )

Elle s'excuse, me sourit et répond :

- Ne vous inquiétez pas. Pour l'instant on n'est sûr de rien.

Suite à ce rendez-vous je ne me sens pas rassurée du tout. Je retrouve la chauffeuse de taxi qui m'a accompagnée et sur le chemin du retour nous en parlons librement, sans tabou. Elle m'écoute et ça m'aide.

Il faut avouer que j'ai apprécié tous les allers-retours qui suivront en leur compagnie. Ils nous conduisent à nos rendez-vous médicaux, mais pas que... Ils suivent notre parcours tout au long de la maladie, ils savent être présents ou s'effacer quand il le faut. Empathie, respect, écoute, ils ont des qualités sociales qui participent à notre bien-être.

Arrive enfin le 14 février, jour de l'écho. J'ai de l'appréhension et toujours cette même question : Est-ce plus grave que prévu ? J'espère vite le savoir... Une dame très souriante me fait passer l'examen. Elle regarde son écran, et moi, je la fixe longuement. Elle ne dit rien, ne bouge pas un sourcil. Je regarde l'écran à mon tour, ça ne m'aide pas. Des ombres, des tâches noires. Est-ce normal ? Je sens des palpitations dans mon cœur. Le temps passe et ce silence reste intact.

Elle se décide enfin à parler :

- Vous pouvez vous asseoir, je vais vous expliquer.

Ça me donne des frissons, je sens déjà les larmes monter. J'ai compris. Je m'assois et je l'écoute.

- Aux premières échographies, 2 tumeurs sont visibles au milieu de votre sein. A l'IRM, une zone sombre apparaissait sur tout le bas du sein, et effectivement, je la confirme aujourd'hui. Le chirurgien verra avec vous, il va sûrement devoir retirer tout le sein.

Je sens mes larmes couler le long de mes joues et lui réponds :

- Je comprends. Il va me falloir combattre ce cancer. Je n'avais pas imaginé ça, mais ça va aller.

- Oui. Il vaut mieux enlever tout le sein, pour être sûr de ne rien laisser de mauvais. Le chirurgien vous expliquera tout. Il vous verra aujourd'hui entre deux patients.

Je sèche mes larmes et respire calmement.

En retournant m'habiller, je suis touchée au plus profond de moi tout en ressentant un sentiment d'indifférence. Deux émotions complètement contradictoires. Le stress monte puis redescend, comme si mon esprit comprenait que c'était la meilleure solution.

A partir de ce jour, je me suis répétée et répétée " mon sein pour ma vie ." Ça m'a rassurée et confortée dans cette suite que je n'avais pas prévue.

## 6.  CHANGEMENT DE PROGRAMME

Il est maintenant l'heure de manger, je m'installe à la cafétéria et repense à tout ce qui s'est passé. Les mots résonnent en moi. La scène défile. J'ai besoin de prendre des forces.

Au cours du déjeuner, je raconte mon rendez-vous et mon état d'esprit à ma copine de combat, Sylvie. Une personne que j'affectionne tout particulièrement. Elle me comprend car elle a elle-même été touchée par cette maladie. Elle est un réel moteur pour moi.

Nous nous sommes connues sur Facebook. Nous faisions partie du même groupe d'assistantes maternelles. Au moment de mon arrêt, j'étais un peu perdue dans tous les papiers, elle m'a aidée, conseillée. Elle a ensuite pris de mes nouvelles, nous sommes donc restées en contact. Elle est devenue par la suite mon amie. Un pilier pour moi. Je ne la remercierai jamais assez. Elle sait trouver les bons mots, pour me faire avancer, pour accepter tout cela. Je sais que je peux compter sur elle à tout moment.

Il est temps d'appeler mes parents et mon frère, pour tout leur expliquer. J'ai repris mes esprits, je me sens sereine et plutôt décontractée. Ma bonne humeur est au rendez-vous, je me surprends même à blaguer avec eux.

J'adopte le même comportement avec mon mari lorsqu'il m'appelle pour avoir des nouvelles. Je me sens bien, entre de bonnes mains.

Le temps passe, je m'occupe. Quand l'heure arrive, l'heure du verdict. Le chirurgien m'accueille dans son bureau, il lit le compte rendu de l'échographie puis me réexamine.

- Il y a deux solutions, me dit-il. Soit on fait une mastectomie, c'est-à-dire l'ablation du sein. Nous pourrons prévoir une reconstruction ultérieurement. Soit on garde une partie infime du sein, la partie haute. À l'analyse des tissus il faut qu'il y ait une marge saine sinon il faudra procéder à une seconde opération pour en faire l'ablation. Sachant que ça ne sera pas très esthétique mais c'est à vous d'y réfléchir et de me donner votre avis. Je réponds instinctivement :

- L'ablation. Je préfère tout enlever en une seule fois, plutôt que risquer de me faire réopérer. Et puis, ça me paraît plus esthétique .

Il me sourit avec compassion, pose sa main sur mon épaule et me dit :

- Vous êtes très courageuse, vous prenez la bonne décision. Je ne suis pas à votre place, mais c'est plus sûr comme cela. Je lui souris, et sens mes joues humides.

- Merci. Je me dis que c'est " mon sein pour ma vie."

- Vous avez raison ...

La date d'opération reste fixée au 20 février. J'ai une semaine pour me préparer à ce changement d'apparence physique. Le taxi passe me prendre, je parle, mais peu. Je suis dans mes pensées.

J'arrive à la maison, mon regard se pose de suite sur mon mari. Il est là, assis sur le canapé. Son regard est triste et désemparé. Je m'approche de lui, le prend dans mes bras et lui chuchote que tout va bien se passer.

- J'ai peur de te perdre, me dit-il
- Ne pense pas à ça, je ne vais pas mourir. Je suis confiante.

Les yeux brillants il me répond :
- Oui. Mais on ne sait jamais.

On s'enlace tendrement, on se dit des mots doux, puis on essaie de se rassurer mutuellement.

Mon mari a peur de me perdre, même si je le comprends, je n'ai pour ma part aucune pensée négative. Il est impensable que je pense comme lui, je dois être forte, positive et confiante. Ce qui est entièrement le cas.

Durant la soirée, mon corps redevient incontrôlable : tremblements, maux de ventre, nausées comme si je revivais le moment de l'annonce. Des interrogations plein la tête. Est ce que mon couple va supporter cette épreuve ? Comment se regarder et s'accepter avec un seul sein ?

Je me couche de bonne heure afin de tout oublier.

Petit à petit j'accepte la situation. Je regarde régulièrement des photos pour m'imprégner le plus possible. Pour ne pas être choquée lors de mon réveil le jour J.

En attendant, je profite de ma vie de famille. Je vis comme d'habitude. Avec mon mari nous décidons de tout expliquer à nos enfants, cependant, les mots sont des fois difficiles à trouver. Nous avons peur de les inquiéter. Les jours passent et nous repoussons toujours l'échéance. L'opération approche rapidement, nous leur expliquerons après. Ils savent déjà que je me fais opérer, que je suis très malade et que les médecins font tout pour me guérir. Le reste sera pour plus tard.

## 7.   « MON SEIN POUR MA VIE »

Le 1er round commence, j'enfile mes gants, mon casque, je suis prête pour le combat. Mon mari m'accompagne. On nous installe dans une chambre, où il va falloir patienter.

Une infirmière vient prendre mes constantes, tension, température, et vérifie mes informations personnelles. Elle me demande aussi de m'habiller avec un pantalon et une blouse. J'ai même droit aux petits chaussons.

Je plaisante avec mon mari et il me prend en photo dans ma super tenue, très sexy ! Je ne me pose pas de questions. Je me sens vraiment prête et zen.

Une personne vient me chercher car c'est l'heure de faire le marquage du ganglion sentinelle. On injecte un produit radioactif, qui réagit et teinte le ganglion sentinelle en bleu. Ce qui permet au chirurgien, pendant l'opération, de faire un curage ganglionnaire si besoin.

Le produit est injecté directement dans le sein. Ca pique, je sens le produit se propager l'infirmière masse fortement afin d'atténuer cet effet.

Je retourne en chambre, et attends l'heure de l'opération. Le brancardier arrive, l'émotion monte.

J'embrasse mon mari et suit le brancardier la boule au ventre. Nous allons au plus proche de la salle d'opération en marchant. Ça fait partie des habitudes de ce centre, et je trouve cela très bien. C'est moins stressant, que d'être allonger, et voir les longs couloirs défiler, ainsi que les lumières du plafond.

J'arrive dans une petite salle d'attente, une infirmière vient à ma rencontre. Elle m'explique le déroulement et m'installe sur un petit lit. Elles sont maintenant plusieurs à s'activer autour de moi. Prise de tension, pose de cathéter. Un défilé de blouses blanches se met en place.

Trop de pression d'un coup, je pleure, mes larmes ne s'arrêtent plus de couler. Je panique, mon corps tremble, les nerfs lâchent.

Les infirmières font tout pour me changer les idées, mais c'est compliqué. Je ne pense qu'à l'opération. Elles sont pourtant aux petits soins pour moi.

Est-ce que ça va bien se passer ? Comment vais-je réagir en me voyant avec un sein en moins ? Est-ce que je vais avoir mal ? Est-ce que je vais me réveiller ?

Le chirurgien s'approche, en me voyant dans cet état, il pose sa main sur mon bras, en exerçant une petite pression, et essaie de me rassurer.

On m'emmène en salle d'opération. Je me sens déjà mieux et je retrouve mon sourire et ma bonne humeur. Je plaisante même avec les infirmières.

C'est le moment où l'on me pose le masque sur le visage, je dois compter jusqu'à 10. 1, 2, 3, 4, .... Je me suis endormie, l'opération peut commencer.

Quelques heures plus tard, je reprends mes esprits, je suis en salle de réveil. Tout est flou, j'entends parler mais je ne comprends pas. J'essaie de bouger mais je me rendors. Cette scène se déroule à plusieurs reprises enfin j'émerge de mon profond sommeil !

Une infirmière s'approche :

- L'opération s'est bien passée, vous êtes en salle de réveil, comment vous sentez-vous ?

- Ça va mais j'ai mal au bras gauche. Lui dis-je avec peine.

- Oui le ganglion sentinelle était atteint, le chirurgien a dû faire un curage ganglionnaire. On vous a injecté des calmants, la douleur va s'atténuer.

- Merci.


Dès qu'elle s'éloigne, je pose ma main sur ma poitrine. C'est tout plat. Je lève un peu ma tête et regarde. Je porte une blouse et de ce fait je ne vois rien. Rien mais je sais qu'il manque une partie de moi. Aucune réaction, aucune larme. J'accepte la situation. Je dirais même mieux : je suis soulagée, le cancer a été pris à la racine.

Je suis ravie de retrouver mon mari dans la chambre. Il a l'air bien, ému, mais bien. Je dors beaucoup, l'opération m'a fatiguée. Le reste de la journée et la nuit se déroulent normalement.


Le lendemain matin, une infirmière vient enlever le drain. C'est avec plaisir, car il me fait mal et me gêne.

Je dois aller prendre une douche mais j'ai mal partout, je suis pleine de courbatures. J'accède doucement à la salle de bain .

Je me déshabille et je décide très spontanément de me regarder dans le grand miroir qui m'appelle. Je prends une grande inspiration et lève la tête.

Une sensation étrange me saisit. L'émotion monte mais je la contrôle. Un gros pansement recouvre ma cicatrice sur la poitrine. Et un autre prend tout le dessous de l'aisselle.

C'est tout plat. J'ai la moitié de mon corps qui ressemble à un torse d'homme. Je me répète toujours cette même phrase " mon sein pour ma vie ".

Vient ensuite l'heure du retour à la maison. Je prépare mes affaires. Deux ambulanciers me ramènent à la maison.

Je suis ravie de retrouver ma petite famille. Puis la douleur est supportable grâce aux médicaments.

Le jour suivant, il faut déposer ma fille à l'école. Je tiens absolument à le faire, je veux affronter le regard des autres tout de suite, par peur de ne plus oser après sûrement.

Lorsque l'on tombe de cheval, il faut remonter tout de suite. Je suis dans la même optique. Avec du recul, ça n'était pas très sérieux, j'avais besoin de repos.

J'ai tout de même demandé à ma maman de m'accompagner, car je suis très faible.

Une infirmière vient à domicile changer mes pansements. J'ai des hématomes énormes et très sensibles. Mais j'ai le moral et je compte le garder !

## 8.   RESULTATS D'ANAPATH

Trois semaines plus tard, le 7 mars, une consultation avec le chirurgien est prévue. Je suis impatiente d'en savoir plus sur mes tumeurs, et bien je vais être gâtée.

Mon mari a pu se libérer et m'accompagner. Je suis en confiance. Le chirurgien regarde ma cicatrice, elle est très belle. Je vais pouvoir commencer les séances de kiné pour l'assouplir et pour retrouver de la mobilité à mon bras. Le curage ganglionnaire a entraîné beaucoup de douleurs et de raideurs. Ça me soulagera.

Nous passons aux choses sérieuses, les résultats des analyses sont prêts. Le chirurgien commence :
- Nous avions repéré 2 tumeurs et une zone cancéreuse dans le bas du sein. Avec surprise nous avons découvert, grâce aux analyses, qu'il y avait en fait 9 tumeurs dispatchées aux quatre coins de votre sein. De 1 à 15 mm, plus une zone cancéreuse dans le bas qui s'étalait sur 8 cm.
Surprise je réponds :
- Ah oui quand même. Si je n'avais pas eu ce rendez-vous gynécologique, je serais passée à côté.

- Oui et ça aurait été beaucoup plus grave. Pour les ganglions, le premier avait des métastases et deux autres avaient des micro métastases. Je vous ai donc retiré 17 ganglions et nous passons d'un stade 2, au stade 3.

Je suis choquée. Il était vraiment temps de découvrir ce cancer, je considère que j'ai beaucoup de chance de l'avoir découvert, et qu'il soit pris à temps.

Il reprend :

- Vous avez bien fait de choisir l'ablation car les marges n'auraient pas été saines. Il aurait fallu procéder à la mastectomie dans tous les cas.

Je suis soulagée. Et je lui demande :

- Je vais devoir faire de la chimio je suppose ?

- Oui effectivement. Vous allez avoir de la chimio et ensuite des séances de rayons. Vos tumeurs étaient réceptives aux hormones, vous aurez également de l'hormonothérapie afin d'éviter une récidive. C'est un comprimé à prendre tous les jours. Si vous le supportez bien, vous le prendrez pendant 10 ans. Vous aurez également pendant 18 mois, une injection toutes les 3 semaines d'Herceptin. C'est une thérapie ciblée qui empêche la prolifération des cellules cancéreuses. De plus, vous aurez un suivi cardiaque rapproché.

- Ah oui c'est un long traitement.

- Oui mais il le faut vraiment. Dites vous aussi que vous allez devoir mettre une année en stand-by.

Il a raison. C'est un réel parcours du combattant qui se dresse devant moi. Un obstacle après l'autre, j'y arriverai.

Les jours qui suivent, j'ai dû passer un scanner thoraco-abdomino pelvien et une scintigraphie osseuse. Examens oppressants. Une partie de la machine descend au plus près de mon visage. J'ai l'impression qu'elle va m'écraser. J'essaie de rester calme, ferme les yeux et respire profondément. Un grand soulagement lorsque l'on m'annonce qu'il n'y a pas de métastases.

26 Mars, je rencontre l'oncologue. Elle m'annonce le protocole de chimiothérapie, qui consiste d'abord à faire 3 Fec 100, séances espacées de 3 semaines. Puis de poursuivre avec 12 taxol, de façon hebdomadaire. L'Herceptin commencera pendant cette deuxième partie.

Le 03 avril, je fais un test génétique pour voir si je suis porteuse d'un gène qui favoriserait le cancer. Ça consiste à faire un prélèvement buccal et une prise de sang. Les résultats seront prêts dans un an. Il va me falloir encore beaucoup de patience !

J'ai également rencontré une gynécologue spécialisée dans la préservation ovocytaire. Il m'a fallu faire des injections journalières pour stimuler l'ovulation. Et des prises de sang, ainsi que des échographies tous les 2 à 3 jours pour suivre le grossissement des ovocytes. C'est très contraignant et douloureux. Ces examens, normalement prévus pour une durée de 11 jours environ, en ont duré 15 pour que mes ovocytes soient prêts à être prélevés. J'avoue qu'un moment donné j'ai pensé tout arrêter. J'en avais marre des rendez-vous médicaux, marre des injections. Je pensais déjà à la chimio qui allait bientôt commencer.

Mais je me suis remotivée, c'est important pour mon mari et moi-même. Il faut penser au futur.

L'intervention s'est bien déroulée. Elle a été réalisée sous anesthésie locale et sédation. On a pu me congeler 11 ovocytes. Ce qui laisse beaucoup de chance que ça fonctionne si un jour nous avons besoin. Une nouvelle étape de passée.

Le lendemain, le 06 avril, j'avais le droit à une nouvelle intervention. Il fallait cette fois-ci me poser le PAC. Petit boîtier placé sous la peau et relié à un petit tuyau, appelé cathéter, glissé dans une veine. Sous anesthésie locale également, ça été rapide et indolore.

Par contre les jours qui ont suivi, c'était sensible. La sensation d'avoir un élastique dans le cou, je me suis vite habituée à cet objet inconnu qui faisait maintenant partie de moi et pour longtemps.

Moi qui avait du mal à gérer l'inconnu, je suis servie. Chaque examen se déroule différemment. Grâce à tout cela, j'apprends à contrôler mon stress. Être zen à toutes épreuves est vraiment appréciable. Une confiance en moi et en l'avenir me donne des ailes. J'ai les clefs en main pour franchir tous les obstacles qui se dressent devant moi.

Je surprends mes proches, qui ne s'attendaient pas à de telles réactions de ma part. Je les comprends puisque je ne me reconnais pas non plus.

## 9. 2EME ROUND

On m'a prévenue dès le début que j'allais perdre mes cheveux suite à la chimio. Je me prépare psychologiquement . Pour une femme s'imaginer la tête nue est impensable ! J'ai toujours eu les cheveux longs, c'est pourquoi je décide de faire un tour chez le coiffeur pour faire une coupe courte.

Je me laisse tenter par un côté court et un côté un peu plus long, ça préparera mon entourage en douceur.

Depuis l'annonce du cancer je ne cache rien à mes enfants. Ils sont au courant de chaque étape. Lorsque l'on discute de cette future perte de cheveux, ça les fait rire car ils ne se rendent pas bien compte. Un soir, je souhaite leur montrer la photo d'une femme en cours de traitement.

Je les appelle :

- Les enfants venez me voir j'ai quelque chose à vous montrer.

Ils arrivent avec précipitation. Je leur dis :

- Vous savez que je vais bientôt perdre mes cheveux. Je porterai des foulards et des bonnets. Je vais vous montrer une photo pour que vous puissiez voir !

Ils se regardent et rient ensemble. Je leur montre

- Vous voyez la dame a perdu tous ses cheveux, et bientôt ça sera mon tour.

Ma fille reprit immédiatement :

- Ah c'est ça ne plus avoir de cheveux… C'est moche.

Elle a troqué son sourire contre l'étonnement. Mon fils, lui, ne dit pas un mot.

Certes, ça me fait mal d'entendre ces mots, mais je les comprends. L'image qu'ils ont d'une personne sans cheveux est erronée.

Je reprends avec un sourire :

- Je serai différente, oui, mais vous savez ce n'est pas la maladie qui va me faire perdre les cheveux, ce sont les médicaments. C'est très important que je les prenne pour me soigner et guérir. Et puis mes cheveux repousseront vite vous verrez.

Ils acquiescent avec un grand sourire et repartent jouer.

Je suis rassurée de leur avoir montré, de les avoir préparés à ma future image.

Quelques jours plus tard, pour les habituer au mieux à me voir avec un foulard sur la tête, j'ai lancé une petite activité amusante. On prend chacun un foulard et on le noue sur la tête. On ressemble à Aladdin, on s'amuse bien, on se prend en photo, on défile dans toute la maison, ça fera un très bon souvenir quand tout sera terminé et une bonne raison d'en rire. Et puis ça dédramatise la situation, alors autant en profiter.

9 avril, c'est parti pour la première chimio. Le 2nd round peut enfin commencer. Bizarrement ça ne m'inquiète pas, je suis vraiment sereine. Ce n'est pas dans mon habitude, mais j'adopte la zen attitude avec un grand plaisir.

Ma mère m'accompagne. On nous installe dans une chambre seule, pour cette fois. L'infirmière m'indique qu'il y a aussi des chambres à 2 et même à 3. Je trouve cela très bien, autant être plusieurs et partager notre histoire entre nous.

Elle est vraiment très agréable et douce, elle m'explique tous ses gestes. J'ai confiance en elle.

Elle me pose la perfusion dans le PAC. Le patch antidouleur posé une heure avant fait bien son travail, je ne sens rien.

Elle passe des produits qui permettent d'atténuer les symptômes de la chimio. Je prends aussi un comprimé, anti vomitif, je devrai aussi en prendre les deux prochains jours.

Vient ensuite le traitement de chimiothérapie. Deux grandes seringues d'un produit rouge étincelant. Ce poison coule en moi, mais sans lui, je ne peux guérir. Alors je le prends, je l'accepte.

L'infirmière m'explique les symptômes qui peuvent survenir dans les heures et jours qui suivent. La longue liste que l'on m'avait déjà fournie auparavant. Nausées, vomissements, fatigue, perte de cheveux... Et j'en passe.

J'écoute, je suis attentive, mais je ne veux pas me rendre malade non plus donc je me dis que je n'aurai peut être pas de symptômes. On verra bien.

La première cure se déroule tranquillement. Je me sens bien. Quelques heures plus tard l'infirmière me débranche, et me souhaite bon courage.

Au moment où je me lève du lit, je sens que je suis très faible et vaseuse. J'ai le teint tout pâle. Je rassure ma mère qui s'inquiète pour moi et nous rentrons à la maison.

Une fatigue immense s'empare de mon corps et mon esprit pendant 4 jours. Je prends vraiment sur moi pour emmener ma fille tous les jours à l'école et pour m'occuper de mon fils la journée. Ils sont mon moteur.

Je profite de sa sieste de l'après midi pour en faire de même.

La bouche pâteuse du réveil me coupe l'appétit. Mais je n'ai pas de nausées. C'est déjà ça. Je suis rassurée et soulagée de supporter ainsi la chimio.

Quinze jours plus tard, cet optimisme allait vite retomber.

## 10.  TETE NUE

Ce matin, en passant la main dans mes cheveux, une poignée reste entre mes doigts. Quelle horreur. J'ai beau m'y préparer depuis plusieurs jours, cette image est terrible. Je repasse ma main une seconde fois, pour être sûre que c'est réel, à mon grand désarroi, la chute a bien commencé. Je m'imagine déjà devoir passer à l'étape rasage.

Depuis une semaine, mes cheveux ne font que de tomber, il y en a partout où je passe. Dans mon assiette, dans mon lit, et ça me démange le cuir chevelu.

Je m'entraîne à nouer des foulards sur ma tête. Je regarde des vidéos, des photos sur internet pour trouver des idées et conseils.

Nous sommes en plein déménagement, je suis fatiguée physiquement et moralement. Ça tombe vraiment mal. Le surplus d'émotion fait place à de l'énervement et à des pleurs.

Je prends rendez-vous chez ma coiffeuse, elle peut me voir dans 30 minutes. Je suis sûre de moi et en même temps anxieuse.

J'arrive au salon, je m'installe sur un fauteuil en attendant qu'elle finisse avec une cliente.

Tout en la regardant faire, je sens une boule se former dans ma gorge. Mon cœur bat de plus en plus fort, j'ai le regard dans le vague, je suis complètement plongée dans mes pensées.

Je me lève d'un bond et je lui dis :

- Je ne suis pas prête. Je ne peux pas raser mes cheveux aujourd'hui. Ce n'est pas simple comme situation, je suis désolée.

Les larmes me viennent.

- Je comprends tout à fait ton hésitation. Je peux te proposer une coupe très courte à la place du rasage si tu préfères, ça te choquera moins et tu pourras te préparer plus doucement.

J'accepte, après tout c'est un bon compromis. Je repars du salon avec le sourire et 5 cm de cheveux sur le crâne. Je ressemble à un garçon, mais j'ai encore des cheveux.

Malheureusement, 3 jours plus tard, des trous se forment sur ma tête, je ne peux plus repousser l'échéance cette fois-ci il faut les raser.

Cette étape est très difficile. C'est vraiment à contre cœur que je reprends rendez-vous. Mais finalement quand la coiffeuse passe la tondeuse, je ressens un sentiment de soulagement. Je l'ai fait ! Une sorte de fierté s'empare de moi. Je me sens forte et victorieuse.

Lorsque je retourne à la maison, avec un bonnet sur la tête, j'appréhende la réaction de mon mari. Je me met à sa place, du moins j'essaie de le faire. Voir sa femme sans cheveux, ça doit faire un choc, et être tellement perturbant.

Je rentre, mon mari me fait un sourire stressé, ses yeux deviennent tout brillants et humides lorsque je relève le devant du bonnet. Je le prends de suite dans mes bras. C'est une grosse étape pour nous deux, mais ça va aussi rendre notre amour encore plus fort. J'en suis certaine, j'ai confiance en nous, en notre couple.

Les jours qui suivent, je m'habitue à cette nouvelle apparence, ma famille également. Bonnets + foulards de couleurs, boucles d'oreilles pendantes et maquillage, je me trouve plutôt jolie et je m'accepte telle que je suis.

Aucun changement de comportement pour mon mari qui me désire toujours. Je suis sa femme, rien ne change. Son amour me porte et me donne des ailes pour gérer tout cela.

Quel bonheur ! Quelle chance de l'avoir auprès de moi.


L'heure de la seconde cure de chimiothérapie arrive déjà. Je suis pleine de motivation et de courage.

Tout se déroule normalement. Les infirmières et ma voisine de chambre sont très agréables. Les symptômes se font un peu plus violents mais sont encore supportables. Un aphte sur la gencive fait son apparition. Quelle douleur lancinante ! Manger devient difficile alors je multiplie les gels, les granules d'homéopathie, tout ce qui peut me soulager est bon à prendre. Je vais mettre du temps à m'en débarrasser mais ça passera.


Lors de la 3ème cure, de grosses nausées arrivent. Depuis l'annonce du cancer, j'ai perdu 5 kg, et la fatigue se fait de plus en plus présente. Les siestes s'imposent alors à un rythme plus soutenu. De nouveaux aphtes surgissent avant même avoir pu me débarrasser du premier.

La logique et la mémoire commencent à me faire faux bond, des choses simples deviennent difficiles, des gestes quotidiens ne sont plus spontanés. Je dois me concentrer pour ne pas faire de bêtises. C'est très déstabilisant, je me sens comme perdue par moment.

Mais quel soulagement d'avoir terminé ces trois grosses chimio. Une nouvelle étape est franchie, quelle fierté !

Je vais maintenant pouvoir débuter les autres cures, à raison d'une fois par semaine. Nouveau rythme, et nouveaux symptômes à l'horizon, mais pas-à-pas, j'avance sur le chemin de la guérison.

## 11.  LES ENFANTS

Depuis quelques jours, ma fille de 6 ans est nerveuse. On ne peut rien lui dire sans qu'elle se mette à crier ou à pleurer. A la maison comme à l'école cela devient compliqué. Je décide de contacter un service de proximité, qui travaille avec la ligue contre le cancer du sein, pour les personnes éloignées. J'apprends que je peux bénéficier de rendez-vous avec une psychologue et mes enfants également.

Je prends donc un rendez-vous pour ma fille quelques jours plus tard.

Ce midi, lors du déjeuner, je lui explique :
- On va aller voir une dame ensemble pour parler.
- Pour parler de ta maladie ? me dit-elle d'un ton sec.
- Oui c'est ça et aussi de toi parce que tu as l'air de passer une épreuve difficile.

En tapant du poing sur la table, et en me jetant un regard noir :
- Ah je le savais. Tu ne me dis pas tout !

Je me sens désemparée, je prends sur moi et lui répond rapidement :

- Mais non ma chérie, pourquoi tu dis ca ? Je t'ai tout expliqué. C'est juste, que cette dame peut t'aider à mieux accepter tout ça et à mieux comprendre. Je sais bien que pour toi c'est difficile. Est-ce que tu as des questions ?

- Non. J'ai tout compris.

- Tu es sûre car tu peux me poser toutes les questions que tu veux.

- Oui je sais.

- Tu sais que mes cheveux vont repousser après ?

- Oui tu me l'as dit.

- Et tu sais aussi que les médecins font tout ce qu'ils peuvent pour que je guérisse vite ?

- Oui je sais

- Tu veux savoir d'autres choses ? Demande moi ce que tu veux

- Ils l'ont mis où ton sein malade ?

Alors là, je ne m'attendais pas à ce type de question, je lui renvoie la même :

- A ton avis, ils l'ont mis où ?

- Dans la poubelle de l'hôpital ? Me demande-t-elle.

- Oui c'est ça, à la poubelle. Il était très malade.

Avec un grand sourire et sa jolie voix mélodieuse elle continue de discuter tout en finissant son repas.

A partir de ce moment là, je retrouve ma petite fille. Je ne sais pas ce qu'elle s'était imaginée, mais il était temps d'en rediscuter. Depuis le début, je leur dis tout et pourtant elle a cru le contraire.

Elle a discuté tranquillement avec la psychologue, qui a considéré que les choses étaient rentrées dans l'ordre, grâce à la verbalisation de tout cela. Et effectivement tout se passe bien par la suite, tout redevient normal et paisible à la maison.

Mon fils est petit pour comprendre tout ce qui se passe. Il a besoin de savoir où je vais, pour quoi faire et surtout si je reviens après. Je fais tout pour rassurer mes enfants afin qu'ils soient bien dans leur peau, et que cette situation pèse le moins possible sur eux.

Aujourd'hui nous allons en boutique de téléphonie. Nous discutons avec la dame des différentes options qui se présentent à nous, pour pouvoir profiter d'Internet dans notre nouveau chez nous. Lors d'un silence, mon fils assis à côté de moi, décide de lancer avec spontanéité :
- Là, tu n'as pas de sein !
Gênée, je l'ignore, mais ce qui était à prévoir arrive :
- Maman tu n'as qu'un sein !
Je le regarde, lui souris et lui dis :
- Chut . Écoute la dame.
Forcément ma réponse ne lui convient pas, mais ce n'est pas le moment d'en discuter.
En sortant du magasin, je lui explique :
- Tu sais, les gens que l'on ne connait pas, n'ont pas besoin de savoir que maman est malade, et qu'il me manque un sein. C'est comme un secret entre nous.
- D'accord.

Les enfants sont spontanés et naturels, alors il recommencera sûrement. Je ne peux pas leur en vouloir, même si c'est quelque chose de très gênant.

## 12. 2EME PARTIE DE CHIMIO

Après avoir passé les trois premières grosses chimio, je vais maintenant en faire 12 autres. Un produit différent : le Taxol, qui provoque d'autres symptômes.

Pour la première injection, je vais devoir rester quelques heures en surveillance afin de s'assurer que je ne fasse pas d'allergie.

La bonne nouvelle, est que ce traitement ne provoque pas de nausées. Par contre il peut entraîner des douleurs et des fourmillements aux mains et aux pieds par exemple. Ce que je vais vite découvrir.

Et pour l'Herceptin, la thérapie ciblée, elle va débuter en même temps. Il y aura un suivi cardiaque très rapproché, avec des échographies du cœur tous les 3 mois pendant la prise du traitement. Puis tous les 6 mois pendant 24 mois. Suivi d'une surveillance post-traitement tous les ans pendant 5 ans.

Je supporte plutôt bien ces deux nouveaux produits et je retrouve petit à petit mon dynamisme. Malheureusement à mi-chemin du traitement, les choses se compliquent.

Trois à quatre jours après chaque injection, des états grippaux apparaissent. Frissons, maux de tête, douleurs musculaires et articulaires dans tout le corps...

Des fourmillements et sensations de brûlure prennent possession de mes mains et surtout de mes pieds. Je souffre quand je marche, même assise les pieds me brûlent.

Je dois prendre un traitement pour atténuer ces effets et à la 9ème cure, la dose de chimiothérapie est légèrement diminuée afin d'améliorer mon confort.

Je reste tout de même motivée et impatiente d'arriver au bout.

Lors de chaque séance, je dois d'abord voir un médecin sur place, qui valide le traitement. Pour ensuite aller en chambre, et le recevoir.

Le 21 Août, ma 10ème cure va être annulée car j'ai malheureusement trop de douleurs neuropathiques, malgré le traitement qui n'agit pas suffisamment. Cette semaine une perte de force et de sensibilité apparaissent. Je lâche des objets sans m'en rendre compte. Ca fait tout drôle.

Le médecin a contacté l'oncologue pour un deuxième avis et malheureusement ils préfèrent tous les deux annuler celle-ci, et ne pas prendre de risque.

C'est un réel coup dur pour moi. On me rassure en m'expliquant qu'une semaine de pause peut améliorer les symptômes, et ainsi permettre de faire les deux dernières injections.

Je monte en chambre pour mon injection d'Herceptin qui elle, est validée. Ma colocataire est très agréable. Nous parlons de nous, des traitements, du cancer bien sûr. Se sentir comprise, c'est tellement agréable. Je commence mes phrases, elle les finit et vice versa. Nous avons les mêmes ressentis, la même façon de se battre face à cette maladie qui touche tellement de personnes. J'en oublie un peu ma déception du jour.

Ce n'est pas toujours comme cela. Il m'est arrivé d'être avec des personnes qui ne souhaitent pas parler, il faut accepter bien sûr. Une autre fois, c'était une dame qui venait pour sa première chimio, elle était très anxieuse, nous avions beaucoup échangé, ça lui avait fait du bien.

Vers la fin de mes traitements, une dame d'environ 75 ans, venait également pour sa première cure, elle était très touchée par ce qui lui arrivait et elle pleurait en sanglot dès qu'une infirmière venait la voir. Là, c'est difficile, moi-même touchée j'ai éprouvé des difficultés pour trouver les bons mots.

Et d'ailleurs quels sont les bons mots ? Nous sommes tous différents. Les réactions sont nombreuses et tellement variées.

La 11ème cure a lieu à ma grande satisfaction. Rassurée de pouvoir reprendre le combat. Même si la dose est de nouveau diminuée, comme pour la 9ème cure, j'avance et je vois le bout.

## 14.  UN IMPREVU

Aujourd'hui c'est l'anniversaire de ma maman. Mais je me sens mal, faible, fatiguée. Je prends sur moi et me prépare car nous sommes invités à manger pour l'occasion.

Arrivée sur place, mon teint pâle alerte ma famille. Je les rassure :

- C'est juste un petit coup de fatigue, ça va passer.

Durant le repas, mon appétit n'est pas présent. J'en laisse dans mon assiette, je ne prends pas de dessert car un mal de ventre s'installe doucement, la fatigue s'accentue et des moments de faiblesse arrivent.

J'essaie de ne pas trop montrer mon état, ce n'est pas le jour pour être malade. Mes parents s'inquiètent, alors on décide de prendre ma tension. Ma maman a un tensiomètre chez elle, afin de surveiller son hypertension.

Ma tension est bonne, 11/5, mais mon rythme cardiaque est à 98 BPM au repos. C'est sûrement dû au stress, et à ma fatigue. Les heures passent et je me sens de moins en moins bien, lorsque des nausées et diarrhées font leur apparition.

Ma fréquence cardiaque est maintenant à 115 BPM. Après une concertation en famille, je téléphone au 15, en pensant qu'ils vont me rassurer.

Le médecin m'explique que je vais devoir me rendre aux urgences. Un électrocardiogramme va devoir être effectué pour connaître la raison de mon état, en me disant de partir directement, le stress monte encore d'un grade. Il est 17h et demain matin mes enfants font leur rentrée scolaire dans leur nouvelle école. De quoi être anxieuse, j'espère rentrer chez moi ce soir.

La route me paraît une éternité et des coups de couteaux se font maintenant ressentir dans ma poitrine. Arrivés sur place, nous sommes surpris de voir autant de monde. Des brancards dans tous les recoins et des personnes qui patientent. Une personne s'occupe directement de moi, il faut que je m'allonge. On me prend ma tension, ma fréquence cardiaque et ma température, et on m'informe qu'il y a énormément d'attente, environ 4h. Mes constantes sont bonnes, hormis le cœur.

L'infirmier me demande :

- Est ce que vous avez des douleurs à la poitrine ?

- Un peu par moments, lui dis-je spontanément

- D'accord vous allez devoir attendre qu'un médecin soit disponible pour faire un électrocardiogramme.

Une demi-heure plus tard, je me sens toujours aussi mal. Je suis très fatiguée et faible. Les douleurs au cœur s'accentuent alors je préviens l'infirmier, qui l'indique immédiatement au médecin. Deux infirmières font sortir mon mari et me demande de me mettre torse nu. Elles ont l'air jeune, j'ai peur de les choquer avec mon corps mi homme-mi femme. Tout en me déshabillant, je leur annonce que j'ai subi une mastectomie et je me sens rassurée. Elles procèdent à l'électrocardiogramme qui se révèle normal, à ma grande satisfaction. Il va falloir maintenant patienter, afin de réaliser d'autres examens.

A 19h30, il est temps de nous organiser pour nos enfants, mais le réseau téléphonique est très faible dans l'hôpital. Mon mari repart à la maison préparer leur affaires, pour qu'ils dorment chez mes parents. Quelques minutes après son départ, on vient me chercher pour me diriger vers un autre service. Un infirmier m'y fait une prise de sang. J'effectue un test d'urine. Et il faut de nouveau patienter.

Vers 21h30, le médecin arrive et m'annonce que mes résultats sont normaux. Ma fréquence cardiaque a repris un rythme cohérent, il me laisse donc rentrer chez moi, mais je dois les rappeler dans la nuit si ça recommence.

Me voilà bien soulagée. Il m'explique que c'est sûrement dû aux traitements et à la fatigue qui s'accumule.

Je vais donc pouvoir faire la rentrée scolaire de mes enfants, je suis soulagée et contente.

Je passe une très bonne nuit, je dors comme un bébé, et le lendemain matin, je me sens très bien, comme si rien ne s'était passé.

Quelques jours plus tard, c'est l'heure de la 12 ème injection, je m'imaginais déjà être euphorique, pleine d'énergie en faisant le tour du service pour remercier les infirmières.

Je tombe de haut, lorsque le médecin m'annonce que je ne vais pas la faire. Les symptômes persistent, les objets continuent de tomber, et je n'arrive plus à ouvrir les bouteilles. Et puis, mon problème cardiaque les conforte dans l'idée d'annuler la dernière. Je suis déçue, je ne suis pas allée jusqu'au bout du traitement.

Déception et fierté s'entremêlent dans un tourbillon de sentiments. Tout se mélange. Ravie d'être libérée des chimiothérapies, perplexe d'en louper encore une et triste de dire au revoir aux personnels soignants. On crée des liens à force, ils font partie de notre quotidien.

Après l'Herceptin, j'offre une boîte de chocolats aux infirmières pour les remercier.

Elle font un sacré boulot. Elles nous délivrent nos soins, mais elles nous rassurent également, nous donnent des explications complémentaires, nous écoutent.

A partir de maintenant, mes injections d'Herceptin se feront en intramusculaire à mon domicile. Toutes les trois semaines. J'en suis ravie.

## 15.  APPEL AU PARTAGE

Nous sommes en Août, je repense à tout ce qui m'arrive, tout ce que je dois endurer. A ce combat que je mène depuis plus de 6 mois. Et je songe à toutes ces femmes qui font de même, nous sommes tellement nombreuses, puis aussi à toutes les personnes touchées par d'autres cancers.

J'ai eu de la chance de l'avoir découvert, mais si je l'avais su plus tôt les traitements auraient été moins lourds. Ce qui m'a donné l'idée et l'envie de créer cet appel au partage sur Facebook, c'est d'essayer de toucher et sensibiliser le plus de femmes possible.

" Bonjour Mesdemoiselles, Mesdames.

Je tiens à partager mon parcours face à la maladie car on ne pense jamais que ça peut nous tomber dessus. Et pourtant...

C'est un simple rendez-vous gynécologique qui m'a sauvé la vie... et dire que j'avais pensé l'annuler...

Je m appelle Mélanie, j ai 32 ans, mariée et mère de deux enfants. Une vie bien remplie mais tout bascule lorsqu'un examen gynécologique a permis de détecter 2 nodules dans mon sein. A ma grande surprise !! Aucun cancer dans la famille.

Après plusieurs examens, biopsie, et mastectomie, il s'est avéré que j'avais un cancer de stade 3 .

Je ne remercierai jamais assez ma gynécologue, qui l'a détecté, et qui a permis que je sois prise en charge à temps.

Je suis maintenant sous chimiothérapie, je vous passe tous les symptômes, viendront ensuite les rayons et l'hormonothérapie.

L'annonce de la maladie est un choc violent. une incompréhension, une colère, un cauchemar ...

Les rendez-vous avec les spécialistes s'enchaînent tellement vite que l'on démarre rapidement le parcours du combattant. Le protocole de soin s'enclenche et voilà c'est parti...

On avance jour après jour avec force et courage. Mais il y a des jours où l'on se sent seul face à tout ça. Incompris des autres.

Personne ne peut s'imaginer par quoi l'on passe. Nos peurs, nos doutes, notre fatigue, nos douleurs... seules les (ex)combattantes nous comprennent.

Des amies s'effacent, des connaissances se rapprochent.

La vie entière est bouleversée, changée à jamais.

ALORS IL N'Y A AUCUNE HESITATION A AVOIR :
- consultez régulièrement votre gynécologue
- faites l'autopalpation des seins

Ça ne prend pas longtemps et ça peut vous sauver la vie.

Lorsque nous allons bien, nous trouvons cela tellement anodin que l'on repousse à plus tard. Nous sommes pris par notre vie active, le travail, la maison, les enfants.

Pourquoi s'embêter avec tout ça, alors que le cancer ne tombe que sur les autres, pas sur nous.

Fausse idée bien sûr, c'est pour cela que je fais cette publication, pour essayer de vous faire prendre conscience de l'importance de ces rendez-vous gynécologique et de l'auto palpation. Sur internet il y a plein d explications pour le faire correctement.

*** Afin de toucher le plus possible de femmes, je vous remercie de partager au maximum cette publication."

Cette publication a déjà été relayée 1400 fois sur Facebook, et a entraîné 485 commentaires. Je suis touchée par cet élan de solidarité. Ça me tenait à cœur de la faire, et je suis ravie d'avoir osé.

Par la suite j'ai aussi eu le bonheur et la fierté d'être contactée par "We are patients" pour raconter mon parcours.

C'est un média francophone qui donne la parole aux patients, ainsi qu'à leurs proches, engagés et mobilisés contre leurs maladies.

Voici une partie de mon témoignage :
- Qu'est-ce que la maladie a changé pour vous ?
- Avant d'être touchée par cette maladie, j'étais une personne qui stressait facilement. Je me mettais la pression. Maintenant je prends les choses comme elles viennent.

J'ai bien compris que l'on ne peut pas prévoir le futur, et que l'on ne sait pas de quoi est fait demain alors il faut profiter de tous les petits plaisirs qui se présentent à nous.

- La maladie a-t-elle renforcé votre relation avec vos proches ?

- Elle nous permet de voir qui tient vraiment à nous. Par exemple : des amies que je considérais comme telles n'ont pas été présentes comme je l'aurais souhaité alors que des connaissances, d'anciennes collègues de travail ont été géniales.

J'ai aussi fait la rencontre virtuelle d'une ex-combattante, d'une vraie guerrière qui m'a donné les armes pour me battre face à ce crabe. Elle est très importante à mes yeux même si l'on ne se parle que virtuellement, habitant très loin l'une de l'autre.

Je pense qu'il y a des personnes qui ne savent pas comment réagir. Il y a aussi les autres qui sont dans leur petit cocon et qui ne voient pas par tout ce que l'on passe. Heureusement, il y a également ceux qui sont et restent présents.

- Comment vous sentez vous ?

- Le moral a toujours été présent et m'a beaucoup aidé. Ma famille, aussi, qui a été très présente. J'ai toujours essayé de faire autant de choses qu'avant avec mes enfants pour que la situation ne leur pèse pas trop.

- Quels conseils donneriez-vous à un patient ?

- Si je peux donner un conseil aux personnes qui traversent la même chose que moi, et malheureusement nous sommes trop nombreuses c'est : " Gardez le moral, gardez l'espoir et l'envie. Ça aide énormément à passer toutes ces épreuves. "

Mon témoignage sera partagé 2173 fois.

# 16.  LA RADIOTHERAPIE

La chimiothérapie à peine achevée, arrive le tour de la radiothérapie.

Étape après étape, j'entrevois la fin de ce parcours du combattant.

Avant de pouvoir entamer les séances, un premier rendez-vous est fixé pour faire des repérages. Je suis allongée sur le dos, les bras vers l'arrière, et la tête tournée vers la droite. La table est froide et dure, ce n'est vraiment pas confortable, mais il le faut.

Un scanner de la zone à traiter est réalisé, et 5 points de tatouages, de la taille d' une aiguille, sont faits sur mon corps. Moi qui ai toujours voulu un tatouage et bien voilà c'est fait ! ( rire. )

Le radiothérapeute me dit que 25 séances seront programmées, à raison de 5 séances par semaine. Du lundi au vendredi.

Il m'explique aussi qu'il faudra toujours prendre cette même position. Il prévoit une durée dans la salle d'environ 15 minutes. Le temps d'irradiation en lui-même, n'est que de quelques minutes.

Je le reverrai une fois par semaine, afin de vérifier que tout se passe dans les meilleures conditions.

Je m'étais mise d'accord avec les spécialistes pour que la radiothérapie soit faite dans l'hôpital le plus proche de chez moi, soit 30 kms. Pour l'opération et la chimiothérapie mon médecin m'avait imposé un centre spécialisé dans la lutte contre le cancer qui était à 1 heure de mon domicile. Il est vrai que les trajets sont fatigants, donc pour des rendez-vous journaliers je préférais me rapprocher.

Les séances défilent à une vitesse folle mais les symptômes sont très peu présents. Aucune brûlure, pas de rougeur. Par contre, en s'approchant de la fin, des picotements au niveau de la poitrine et de la gorge font leur apparition. Comme une grosse angine.

La fatigue commence à s'accumuler, la route tous les jours et le manque de sieste jouent un grand rôle.

Aujourd'hui, 04 octobre, jour de ma 1ère injection d'Herceptin à domicile. J'en suis ravie, je n'ai plus besoin de faire garder mes enfants et c'est un réel plaisir pour eux comme pour moi.

Lorsque l'infirmier repart, je me sens très fatiguée, abattue avec la sensation d'être dans le brouillard. Une sieste s'impose ça ira mieux après. Tremblements, nausées, pâleur, font leurs apparitions quelques heures plus tard. Est-ce normal ? Je mets ça sur le compte d'un coup de pas de chance, on verra la prochaine fois.

Malheureusement, les séances suivantes ont suivi le même chemin, avec chute de tension et du rythme cardiaque. Je sais qu'il m'en reste encore beaucoup à faire, je sens que ça va être difficile.

9 Novembre, déjà la dernière séance de radio-thérapie, quelle extase. C'est un réel plaisir de se sentir libre, sans obligation d'aller et venir à l'hôpital. Mais en même temps une impression d'être livrée à moi-même, et de ne plus rien faire contre ce cancer.

Maintenant je vais pouvoir commencer l'hormonothérapie, ce fameux médicament à prendre tous les jours pendant 10 ans, en espérant bien le tolérer.

Le 20 décembre je revois l'oncologue pour faire le point. Je pense avoir pris du poids, mais au moment de passer sur la balance, surprise ! Plus de 6kg en 3 mois. L'hormonothérapie ouvre l'appétit et je me surprend à grignoter la journée. Il va vite falloir que ça cesse.

Elle me demande :

- Comment se passe les injections d'Herceptin à votre domicile ?

- Ça va mais c'est dur. Je mets plusieurs jours à récupérer après. Vivement que ce soit fini.

- Plusieurs jours ? Quels sont vos symptômes ? Me demande-t-elle l'air surprise.

- Ma tension chute. Ma fréquence cardiaque diminue et je suis très faible. Plus ça va, plus je mets de temps à récupérer. Maintenant je ne me sens mieux qu'au bout de 4 jours.

- Ah ça ne me plait pas trop ça. On va reprendre les injections à l'hôpital. C'est possible que dans le PAC vous supportiez mieux qu'en intramusculaire. Et ça nous permettra de mieux vous surveiller.

- Ça ne m'arrange pas, il va falloir que je me réorganise pour mes enfants.

- Oui mais c'est mieux. On ne va pas prendre de risque, vous ne le tolérez pas très bien apparemment. Normalement on le passe en 30 minutes, on va prolonger la durée de passage à 1h30 pour voir.

- D'accord.

Grosse déception pour moi de devoir retourner au centre toutes les 3 semaines. Ça implique la contrainte des allers-retours, du temps perdu, une grosse organisation pour l'école... rien de plaisant.

Mais sincèrement, je ne suis vraiment pas bien après les injections, j'ai beaucoup de mal à gérer mes enfants. L'infirmier prend ma tension et ma fréquence cardiaque juste avant et revient 1h après, à chaque fois il constate une diminution. Ce n'est pas sérieux de continuer comme cela. J'espère sincèrement qu'en les refaisant à l'hôpital, je les supporterai mieux.

## 17.   PROJET RECONSTRUCTION

Beaucoup d'étapes ont été franchies, opération, chimiothérapie, rayons. Et dans 6 mois, l'Herceptin sera terminé. Un nouveau parcours du combattant va pouvoir débuter.

En ce mois de janvier, je revois le chirurgien pour parler des différentes possibilités de reconstruction. Elle ne pourra commencer qu'en fin d'année car il faut attendre au moins un an après la fin de la radiothérapie.

Le spécialiste me présente différentes possibilités :

- On peut mettre un expandeur, c'est-à-dire une prothèse constituée d'une enveloppe de silicone dégonflée que l'on pose au cours d'une première intervention. Elle sera ensuite remplie progressivement de sérum physiologique, lors de consultations 1 à 2 fois par semaine, jusqu'à l'obtention du volume désiré. Elle est ensuite remplacée par une prothèse définitive environ 3 à 4 mois plus tard.

- On ne peut pas poser une prothèse directement, sans passer par l'expandeur ?

- Non car votre peau ne sera pas assez élastique. On peut placer une prothèse lorsque la reconstruction est immédiate, ce qui n'est pas votre cas vu que vous avez eu de la radiothérapie. L'expandeur permet justement de rendre la peau élastique et de s'étirer doucement.

- Combien de temps dure la prothèse définitive ?

- Entre 10 et 15 ans. Sinon il y a la technique du lipomodelage, qui consiste à prélever de la graisse sur une partie du corps et à l'utiliser pour reconstruire le sein. Ça se passe sous anesthésie générale, et ça se pratique en 3 ou 4 fois. Il faut encore rajouter le tatouage et le mamelon. En tout comptez bien 7 opérations avec cette technique.

- Ah oui quand même, je ne pensais pas que c'était si long. Et du coup, la reconstruction sera complète au bout de combien de temps ?

- On va dire qu'il faut 1 an, 1 an et demi selon la technique.

- D'accord. Il va falloir que je réfléchisse.

- Oui bien sûr, on va se revoir au mois de Juin, ça va vous laisser du temps, et on en rediscutera.

Il me tend un livret explicatif sur la reconstruction avec tout un éventail de détails et de photos. Et il reprend :

- Vous avez fait le test génétique, on devrait avoir les résultats dans quelques mois. On en avait déjà discuté, mais si jamais vous êtes porteuse d'un gène, l'ablation de l'autre sein est conseillée, mais n'est pas obligatoire. C'est une décision qui vous revient.

- Oui oui je me souviens et ma décision est déjà prise, je ne veux pas prendre de risque inutile. Donc si je suis porteuse d'un gène je préfère faire retirer l'autre sein. Mon mari est d'accord avec moi.

- Très bien. Je vois que vous êtes sûre de vous et que vous n'avez pas changé d'avis depuis la dernière fois. Alors par contre, si nous devions en arriver là, le lipomodelage ne pourra pas être utilisé, parce qu'avec cette technique et votre corpulence, je ne pourrai reconstruire qu'un seul sein, pas les deux. Il faudrait à ce moment là, partir sur l'expandeur.

Il me donne une convocation pour le mois de mai avec une infirmière de chirurgie afin de rediscuter plus longuement de tout ça. Et une autre pour le revoir au mois de Juin .

Je repars avec le sourire aux lèvres, je vais enfin retrouver un corps de femme, mon corps d'avant qui me manque. Je n'aurai plus besoin de me poser mille questions lorsque je veux porter une tenue. Trop décolletée, on voit qu' il manque quelque chose. Trop lâche, quand je me penche ça ne va pas. Trop serrée pas à l'aise et laisse apercevoir une forme plus plate d'un côté. C'est bien compliqué de choisir une tenue adaptée.

Ca fait maintenant un an que le ciel m'est tombé sur la tête, un an que le verdict est tombé. Quand je pense à ce que j'ai traversé, j'ai du mal à croire que tout ça est réel.
Il y a eu des étapes très difficiles, comme la perte des cheveux, mais je vois aussi les côtés positifs dans tout ça.
De très belles rencontres, une nouvelle façon de penser et de voir les choses, une meilleure gestion du stress...
Un an après je connais une jeune femme qui se bat contre le même cancer et qui va devoir affronter le

même parcours que moi. Je sais qu'elle y arrivera, et j'espère avec la même rage que moi .

Plus le cancer est détecté vite, moins les traitements sont lourds, moins il y a de conséquences. Mais tant que nous ne sommes pas concernés, nous ne pensons pas à tout cela. On ne pense malheureusement pas à ce risque et à ses conséquences.

## 18. CONTROLE AVEC LE RADIOTHERAPEUTE

Le mois de Mars va rimer avec stress, angoisse et larmes.

Tout commence par des saignements après 10 mois sans règles. Le radiothérapeute m'avait prévenue qu'avec la prise de l'hormonothérapie, cela pourrait arriver. Dans ce cas, il faudrait prévoir une échographie pelvienne. En effet, ce comprimé peut provoquer un cancer de l'utérus, mais le pourcentage de risque est nettement inférieur au risque de faire une récidive au sein, le choix est vite fait.

L'échographie faite quelques jours plus tard, met en évidence un endomètre très épaissi, avec des kystes sur le contour.

Je rencontre donc une gynécologue au centre de cancérologie où je suis suivie. Elle est rassurante, m'explique que cette situation arrive assez fréquemment. Dans le doute elle prévoit tout de même un curetage de l'endomètre. Celui-ci doit se faire sous anesthésie générale, mais avec l'accord de la gynécologue, je souhaite tenter l'opération sous hypnose afin d'éviter une énième sédation.

Tout en gardant mon moral et ma bonne humeur, je garde en tête cette possibilité, cette option que tout s'écroule de nouveau.

Depuis les injections d'Herceptin, des échographies cardiaques sont programmées tous les 3 mois. A chaque fois c'est le même rituel, mais aujourd'hui le 11 Mars, c'est différent. Je fais part au cardiologue de mes symptômes, de mon arrêt des injections à domicile. Il pose les capteurs sur mon corps, procède à l'examen, et ne dit rien. Il retire les capteurs puis les repositionne. Sa machine en route il me demande si je me sens bien, si je m' essouffle facilement. Oui c'est vrai que ça m'arrive, mais comme je ne suis pas sportive ça me paraît logique. A moins que ... ?

C'est étrange me dit-il tout en fixant le résultat ! Je sens alors battre mon cœur de plus en plus fort, avec la sensation de gorge serrée.

Il poursuit avec l'échographie cardiaque, qui va heureusement se révéler normale.

La cardiologue m'explique que sur l'échographie il n'y a pas de modification significative et que c'est rassurant. Mais que l'ECG est modifié, il va donc falloir passer une IRM cardiaque pour s'assurer que mon cœur supporte le traitement.

Suite à ce compte rendu l'oncologue, après concertation avec ses confrères, décide de suspendre mes injections en attendant l'IRM cardiaque. Ce qui me met dans une situation très inconfortable et stressante. Depuis le début, les médecins m'expliquent que ce traitement est primordial, alors là, devoir les suspendre, m'inquiète.

Des larmes coulent sur mes joues dues à un trop plein d'émotions. Irritabilité, colère et stress s'emparent de moi durant quelques jours. Ça fait beaucoup de choses, de questions en suspens en peu de temps. Le délai de l'IRM n'arrange rien. Au début on me propose fin juillet, en insistant et expliquant bien ma situation, le rendez-vous avance à fin Mai. Finalement, mon désarroi face à tout cela, va contribuer à déplacer significativement la date au 29 Mars, où l'on m'annonce que l'IRM cardiaque est normale, et ne révèle aucun souci.

L'oncologue m'appelle pour m'avertir de la reprise de mes injections. Il m'en reste 5 à faire. Un stress en moins, je me sens tellement mieux dans ma peau.

9 Mai 2019, six mois après la fin des rayons, je revois le spécialiste. Je lui explique ce qui s'est passé dernièrement. La pause dans mes injections d'Herceptin, et l'IRM cardiaque. Je lui parle également de l'intervention prévue 15 jours plus tard, pour le prélèvement de l'endomètre.

Il se veut très rassurant :

- Ça ne m'inquiète pas du tout. Il faut prendre le comprimé pendant plusieurs années pour avoir un risque de développer un cancer.

- Vous me rassurez Docteur. La gynécologue veut quand même être sûre à 100 %.

- Oui il faut quand même faire le prélèvement, mais vraiment je ne vois aucune raison de vous inquiéter.

Sur ces bonnes paroles, il poursuit :

- Par contre je vois que vous avez rendez-vous avec le chirurgien en juin, c'est trop tôt. En fait, vous devez voir en alternance un spécialiste tous les 3 mois. Le Chirurgien, l'oncologue et moi-même. Je vais donc décaler le rendez-vous avec le chirurgien au mois de novembre.

- Je trouvais ça bizarre de voir tout le monde en 2 mois.

- Oui, nous allons rectifier. Et la première mammographie qui est prévue en juin, va être repoussée en novembre aussi.

- Ah non, la mammo je la garde pour Juin. C'est prévu comme ça depuis un moment. L'oncologue m'a fixé la date et je m'y suis préparée. J'ai besoin d'être rassurée avec ce premier examen de contrôle depuis la maladie. Je l'attends depuis tellement longtemps.

- Bon comme vous voulez, gardez votre rendez-vous.

Je ne me démonte pas, je n'aurais jamais osé avant mais là non. Il n'était pas envisageable de la décaler, je l'attendais déjà impatiemment avec le besoin d'entendre que le cancer n'est plus là et surtout qu'il n'est pas revenu.

Il reprend :

- Sinon le traitement d'hormonothérapie, ne vous fatigue pas trop ?

- Ça va bien, je suis en forme. Je fatigue plus vite qu'avant mais c'est peut être dû aussi aux injections d'Herceptin ?

- oui effectivement c'est un ensemble, vous avez eu de lourds traitements, il faut au moins un an pour que tout soit vraiment éliminé de votre corps.

- Ca ne m'étonne pas.

- C'est parfait, on se reverra dans un an maintenant.
- Merci Docteur, à l'année prochaine !

## 19.   PRELEVEMENT DE L'ENDOMETRE

Le 15 mai, jour du prélèvement de l'endomètre, arrive à grands pas.

Nous sommes lundi 13, je reçois un appel et un message de l'hôpital sur mon répondeur :

- Bonjour c'est le service de chirurgie, je vous appelle pour changer votre heure d'arrivée, nous vous attendons pour 7h15 au lieu de 7h30. Votre opération étant prévue dès 8 heures. En vous remerciant. Bonne journée.

Petit coup de stress, petite montée d'adrénaline. Mais finalement ce n'est pas plus mal de se faire opérer directement à l'arrivée, j'aurai moins le temps de stresser .

Je me lève à 5h30 et je prends ma douche en musique. Je suis calme et détendue, j'en suis la première surprise !

6h15 le taxi arrive. Nous discutons de la pluie et du beau temps.

7h15 j'arrive à l'hôpital. On m'installe dans ma chambre et on me montre le coffre à code pour ranger mes affaires car il y a des vols, chose que je ne comprendrai jamais. Comment peut-on s'imaginer être volée dans un hôpital, pendant qu'on est sur la table d'opération ? C'est quand même incroyable.

J'enfile la tenue que je connais si bien. Pantalon et blouse bleus, peignoir en papier bleu. Le brancardier vient me chercher, et m'accompagne dans la salle d'attente près du bloc.

Une infirmière me prend en charge et m'emmène en salle d'opération. Anesthésistes et infirmières s'activent autour de moi et me préparent pour l'intervention. Elle m'explique que l'on va injecter un produit dans la perfusion pour m'endormir. Mon cœur saute, la voix tremblante mais ferme je répond :

- Ah non non ! C'est une intervention sous hypnose qui est prévue normalement !

L'anesthésiste est surpris et désolé :

- Je regrette Madame, mais on va être obligé de faire une anesthésie générale. Il n'y a rien de noté concernant l'hypnose dans votre dossier, et les personnes compétentes dans cette pratique ne sont malheureusement pas là aujourd'hui.

- Je comprend. Tant pis je vais devoir dormir alors. ( Rire )

Je comprends de suite d'où vient l'erreur. Lorsque l'on a décalé la date de l'intervention avec la chirurgienne, après avoir passé l'IRM cardiaque, elle n'a plus pensé à l'hypnose et moi non plus. Je n'ai pas pensé à lui rappeler.

Je suis entre deux sensations, dégoûtée du changement de programme, mais en même temps, j'avais l'appréhension que l'hypnose ne fonctionne pas. Je me fais une raison, je n'ai pas le choix.

On me pose le masque à oxygène sur la bouche, je suis toujours sereine, je respire profondément. On m'injecte le produit, la tête me tourne, je panique, j'ai l'impression de m'enfoncer dans le lit. Tout devient flou. Je déteste cette sensation où l'on ne contrôle plus rien, où l'on doit se laisser partir, et donner toute sa confiance au corps médical.

- Madame ! Madame ! Allez on se réveille !
J'essaie d'ouvrir les yeux, mais ils sont si lourds. J'essaie de répondre, mais je me sens si faible.
La voix de l'infirmière résonne :
- Vous êtes en salle de réveil, tout s'est bien passé. Vous allez pouvoir vous réveiller tranquillement, on va bientôt vous ramener en chambre.
- Merci. Dis-je tout bas.

Un brancardier vient me chercher, je suis de retour dans ma chambre. J'essaie d'émerger pendant plusieurs heures, je me réveille et me rendors sans cesse.
Midi, une infirmière me prévient que je vais pouvoir partir vers 14h. Elle m'apporte un petit déjeuner, pain beurre, café, jus de pomme. Je mange un peu avant de refaire une sieste.

13h30, l'interne en chirurgie vient signer mon départ et m'annonce avec un grand sourire et d'une voix douce :
- La chirurgienne m'a demandé de vous dire que ça s'est très bien passé, et tout paraît normal à l'intérieur. Les prélèvements nous donneront une réponse sûre, mais elle est sereine.

- D'accord merci beaucoup. Répondis-je rassurée et confiante.

15h30 je suis de retour à mon domicile, contente d'y retrouver mon petit mari.

Ce soir je dors chez mes parents, avec mes enfants. Mon mari travaillant de nuit, l'hôpital ne veut pas que je passe la première nuit seule.

J'ai passé une bonne nuit, même si elle a été très mouvementée. La douleur est modérée.

Les jours suivants c'est repos et siestes.

Un matin, après avoir forcé avec mon bras gauche, il gonfle légèrement et devient douloureux. L'accumulation de la lymphe ne circule pas correctement, c'est dû au curage ganglionnaire qui a été réalisé en même temps que la mastectomie. Le médecin traitant me programme des séances de kiné deux fois par semaine, ainsi que le port d'un manchon. Ca ressemble à un bas de contention mais  c'est conçu pour les membres supérieurs, alors  vous imaginez bien la galère pour l'enfiler tous les matins. Après quelques jours, je m'y habitue, il fait partie de moi, et me soulage.

Selon la kiné, il va falloir attendre la fin de l'été pour s'en affranchir, en raison de la chaleur, qui accentue le phénomène de gonflement.

## 20. DES RESULTATS TANT ATTENDUS

Demain, verdict. J'attends mes résultats génétiques depuis plus d'un an maintenant. Le stress monte, car si je suis porteuse d'un gène, ça entraînera diverses conséquences.

La possible transmission du gène à ma fille et l'ablation de mon autre sein et de l'utérus entre autre. Je pense déjà à ma réaction si tel est le cas. Se dire que l'on transmet quelque chose de si négatif et dangereux à son propre enfant, c'est difficile à imaginer. Comme d'habitude, j'essaie de penser positivement.

L'avantage de faire le test, et de savoir si l'on est porteur d'un de ces gènes, est une meilleure prise en charge, et pour nos enfants aussi à l'âge adulte. Et plus on le détecte vite, mieux c'est.

Je vais à mon rendez-vous sereine mais pensive. Les deux possibilités s'entremêlent dans ma tête. Je suis en pleine réflexion lorsque le médecin arrive et me fait entrer dans son bureau. Elle commence par me réexpliquer les 3 gènes qui ont été recherchés. Je l'écoute et en même temps je me dis que ce n'est sûrement pas bon pour qu'elle me redise tout ceci.

Puis je ressens un réel apaisement lorsqu'elle me dit :

- la bonne nouvelle aujourd'hui, est que la recherche de ces gènes est revenue négative. Le test est fiable entre 98 et 99%.

Me voilà bien rassurée. Je suis contente et soulagée. Pour ma fille et pour moi ...

Elle précise que je peux faire un autre test concernant un 4e gène. Ce dernier peut également toucher les enfants, filles ou garçons, et engendrer des tumeurs. Elle me donne beaucoup d'informations, et me dit que je peux réfléchir avant de donner mon consentement. Ils considèrent mon pourcentage de risque à 10% , je lui réponds :

- J'ai compris ce que vous m'avez expliqué et je souhaite faire le test. S'il se révélait positif mes enfants pourraient être pris en charge rapidement. Si je ne fais pas ce test et que, plus tard, il leur arrive quelque chose, je m'en voudrai jusqu'à la fin de mes jours ! Donc je vous donne mon consentement, c'est tout réfléchi.

Depuis le début de la maladie c'est toujours pareil, un rendez-vous en entraîne d'autres. De nouvelles attentes, de nouvelles interrogations. L'impression que tout ceci ne s'arrêtera jamais.

J'y allais en pensant que si je n'étais pas porteuse de ces 3 gènes, ça allait être un réel soulagement. Mais finalement, je dois de nouveau patienter en me demandant quel sera le résultat.

Six mois d'attente c'est long, alors je vais essayer de ne pas y penser, et de profiter de tous les moments de bonheur qui se présentent à moi, ils sont tellement nombreux.

Lorsque tout va bien dans notre vie on n'y prête pas attention et pourtant...

Le chant des oiseaux, la beauté de la nature, une discussion agréable, boire un café au soleil, lire un bon livre...Tout ça devient si important lorsque vous avez eu peur de ne plus jamais pouvoir profiter de tous ces petits instants. La vie est tellement belle, croquons-la à pleines dents !

Six jours plus tard, le résultat du prélèvement de l'endomètre m'attend. Depuis le jour de l'opération, je me sentais vraiment rassurée. La gynécologue n'ayant rien vu d'anormal, j'étais sereine, enfin presque !

Mais là, c'est différent. Rien ne laissait présager mon cancer du sein, alors ça pourrait très bien être la même chose aujourd'hui.

Depuis le réveil, j'ai une boule au ventre. La peur de devoir revivre tout ce parcours.

Arrivée au rendez-vous, la secrétaire m'annonce qu'ils ont énormément de retard. L'attente est interminable, j'essaie de m'occuper l'esprit, mais cette inquiétude au fond de moi, prend le dessus.

Une heure et demie plus tard, c'est enfin mon tour. Je sais qu'il y a des urgences, que les médecins peuvent avoir du retard, mais là je bous intérieurement. Attendre si longtemps, en se posant tant de questions c'est intenable.

Elle me fait entrer dans son bureau et me demande comment je me sens. Je lui répond que je vais bien mais que le stress monte vite en attendant si longtemps dans la salle d'attente. Elle comprend et s'excuse.

Je finis par me calmer très rapidement lorsqu'elle m'annonce que les résultats sont revenus normaux. Ah quel soulagement !!

La pression redescend aussitôt, puis mon sourire et ma bonne humeur refont surface immédiatement.

Un enchaînement de bonnes nouvelles qui fait plaisir à entendre. Pourvu que ça dure !

## 21. RENCONTRE IMPROVISEE

Nous sommes le 12 Mai, et il faut absolument que je vous raconte ce retour en taxi. Génialissime.

Je viens de faire mon injection d'Herceptin, je commence à me sentir planer, mais je suis encore bien.

Le taxi est là, il m'attend avec deux femmes. Je fais le retour avec elles, celles-ci habitant sur ma route.

Je m'installe à l'arrière du véhicule. Une des deux personnes monte à l'avant et l'autre à ma droite. Cette dernière a une canne et marche avec difficulté. Elle m'explique qu'elle a des problèmes de santé depuis longtemps, et qu'elle a du passer plusieurs années en fauteuil roulant. C'est une personne très simple, à l'aise. Je me retrouve un peu en elle, car depuis ma maladie je me sens tellement libre, libre de faire ce que je veux, quand je veux et où je veux, sans me soucier des autres, du moment que ça engendre un moment de plaisir ou de satisfaction.

Elle est fan de Johnny Hallyday, je le comprends dès que "Marie" passe à la radio. Elle se met à chanter directement, comme si elle était seule, rien ne la perturbe, il m'a fallu quelques secondes pour en faire de même.

Je chante mal, je chante faux, peu m'importe c'est très plaisant.

Quel joie de se faire plaisir !!

On ne se connaît pas, mais on partage un moment simple, et heureux, grâce à la musique. On continue pour les autres morceaux qui défilent, pendant les 30 minutes de route.

Ça restera longtemps gravé dans ma mémoire. Un excellent moment.


Le mois de juin commence, nous avons une très belle journée aujourd'hui, c'est pourquoi j'en profite pour aller chercher mes enfants à pied. Au détour d'un chemin, je rencontre une dame avec sa chienne et sa petite fille en poussette. Nos chiennes respectives font connaissance lorsque la dame m'interpelle :

- On se connaît il me semble ?

- Ah oui effectivement, nous étions dans la même classe au lycée.

- Qu'est ce que tu deviens ?


Alors là, j'ai comme un trou blanc, le néant. L'impression de faire un saut dans le vide. Quoi répondre à cette question lorsque ça fait plus d'un an que ma vie tourne autour de ce cancer. Un silence s'installe avant que je lui réponde bêtement :

- Heu, qu'est ce que je deviens ? Et bien je suis assistante maternelle mais en arrêt longue maladie.

- D'accord. Tu as changé de coupe de cheveux, ça te change. Tu vas bien ?

Gênée je reprends :

- Oui ça va merci et toi ?

- Ca va, je te présente ma fille qui a 9 mois.

- Elle est toute mignonne, félicitations alors.

- Merci. Tu as des soucis de santé ?

- J'ai eu un cancer du sein il y a presqu'un an et demi, mais je vais très bien maintenant.

A son tour, elle fait place au silence, et je ressens sa gêne.


Ça fait bien 15 ans que l'on ne s'est pas vues, alors nous continuons de discuter en toute simplicité, elle rencontre des soucis également. Elle m'explique qu'elle a du mal à gérer son stress, qu'elle s'en rend malade.

Ses mots résonnent en moi, je connais bien cette sensation et comprends tout à fait ce qu'elle endure étant passée par là auparavant.

Je lui explique alors que mon ancien moi était comme cela et que, depuis la maladie, le stress s'est envolé pour laisser place à de la légèreté, de la liberté, et de l'apaisement.


Sur ces bonnes paroles, je dois partir chercher mes enfants, mais nous allons garder contact et décidons de nous revoir.

Sur la route je repense à cette discussion, et je ne peux m'empêcher de croire que je ne suis pas tombée sur elle par hasard. En un an, je ne la vois qu'une fois, alors que nous habitons une toute petite commune, à environ 500 mètres l'une de l'autre.

Etrange n'est-ce pas ? Peut être un signe ? J'ai peut-être la possibilité de l'aider à se sentir mieux ? Se sentir comprise par quelqu'un qui a vécu la même chose et qui a eu les mêmes difficultés, ça peut l'aider à avancer.

"Il y aura toujours une raison pour laquelle vous rencontrez des gens. Soit vous avez besoin d'eux pour changer votre vie, soit vous êtes celui qui changera la leur."

Citation de Angel Flonis Harefa

En tout cas, je suis ravie de cette rencontre improvisée.

## 22.  MON REFLET DANS LE MIROIR

Nous sommes le 14 Juin et je vois le cardiologue pour la première fois depuis L'IRM cardiaque. C'est avec appréhension que je patiente en salle d'attente. Puis le spécialiste me fait entrer dans son bureau et commence par l'électrocardiogramme, qui est normal cette fois-ci. La raison la plus probable pour lui, est une arythmie qui était dûe aux injections d'Herceptin. La pause de celles-ci m'a fait du bien physiquement et moralement, ça devenait dur à supporter.

S'ensuit l'échographie cardiaque. Une longue attente, avant que le spécialiste me rassure, en me disant que tout est normal également.

Il ne me reste plus qu'une injection d'Herceptin le 02 Juillet, avant de savourer cette libération totale. La fin de tous les traitements, hormis l'hormonothérapie, va me procurer un plaisir intense. Les trois dernières se sont plutôt bien déroulées. Une grosse fatigue le jour même et le lendemain, mais je récupère beaucoup plus vite.

Je repars du rendez-vous sereine, heureuse et vaillante. Avec une sensation de jeunesse et de forme olympique. Il n'y a pas à dire, le cœur c'est la vie, et là de savoir qu'il se porte très bien me redonne des forces et de la vitalité.

Depuis presque deux mois j'ai rendez-vous chez la kiné, deux fois par semaine, pour mon lymphœdème au bras mais également pour travailler sur mon épaule et ma poitrine. Avec l'opération, la cicatrice et le manque d'effort physique de ce côté, les muscles se sont raidis et tout est tendu. Les séances durent une heure, c'est contraignant et long, ça prend beaucoup de mon temps, mais c'est très important pour la future reconstruction mammaire.

Aujourd'hui, elle me propose un exercice pour assouplir mon cou et mon épaule qui me font mal depuis quelques jours. Elle installe une chaise face à un grand miroir, et me demande de me mettre en soutien-gorge. Jusque là, pas de souci, j'ai l'habitude. Je m'asseois sur cette chaise, et vois mon reflet dans le miroir. Je prends une claque en voyant mon ventre rond et mou ainsi que des poignées d'amour que je n'avais pas auparavant. Et mes cuisses n'en parlons pas, je ne les reconnais plus.

En fait, c'est une vision d'ensemble sur mon corps, que je n'ai pas habituellement car dans ma salle de bain, je ne me vois que jusqu'aux épaules.

Pendant la séance, je scrute mon reflet en essayant de me tenir droite mais rien n'y change. Ce n'est pas une surprise, j'ai pris du poids avec le traitement hormonal, mais je ne me rendais pas réellement compte de mon apparence qui a tant changé.

Les beaux jours sont là, les traitements et injections sont terminés, alors les promenades et la marche vont être mes activités principales de l'été. Nouvel objectif : perdre les kilos en trop.

Les jours qui suivent, je retrouve mon dynamisme et une endurance plus importante. Le cardiologue m'ayant rassurée, et ma prise de conscience sur mon poids m'ayant motivée, les petites balades s'enchaînent avec plaisir et plus de facilité.

## 23.   1ER CONTROLE

Dans quatre jours, je passe mon premier contrôle depuis l'annonce. Première mammographie un an et demi après que la tempête se soit abattue sur moi. Je l'attends avec impatience, comme une grande envie de savoir qu'il n'y a plus rien de méchant en moi, plus rien à combattre, et que je peux enfin déposer les armes. Les spécialistes effectuent la palpation à chaque rendez-vous, mais comme je le sais trop bien, on peut avoir quelque chose sans même le savoir et sans même s'en apercevoir.

Un cauchemar est venu bouleverser ma nuit. Il paraissait tellement réel que j'y ai cru jusqu'au bout. Je me suis réveillée avec la boule au ventre, et le cœur qui galopait dans ma poitrine. La mammographie n'était pas bonne, et l'on m'annonçait déjà une récidive. C'était vraiment perturbant et stressant.

Au réveil, j'ai vite chassé cette image de ma tête, mais le mal était fait, et maintenant le stress avait du mal à redescendre.


Aujourd'hui nous sommes le 26 juin, il est 15h30, une manipulatrice m'emmène pour faire la mammographie. Je suis assez confiante, mais dix minutes plus tard, elle revient et m'annonce :

- Votre sein est trop dense, il va falloir effectuer une échographie.

La pression monte, j'ai le souffle court, la canicule, 33°, n'aide en rien. Je la suis, rentre dans une pièce, et la radiologue me passe l'échographie. C'est elle-même qui m'a confirmé la masse supplémentaire, un an et demi plus tôt. Me voilà plongée en arrière. Même sensation, même stress, elle m'annonce :

- Tout est normal, votre prochain contrôle mammographique sera dans un an. Une échographie sera également programmée.

Quel bonheur, quelle délivrance ! Je peux à présent déposer mes armes, tout en les gardant à proximité, au cas où. Je suis bien consciente, que le risque de récidive est réel, mais je profite de l'instant présent, et de la vie.

Je vois l'oncologue, 1 heure et demie plus tard, elle me confirme ce résultat, avec plaisir. Elle m'explique également qu'il ne me reste plus qu'une seule injection d'Herceptin et que je devrais normalement avoir un contrôle cardiaque tous les 6 mois. Mais vu mes antécédents, elle préfère refaire un point cardiaque dans 4 mois, et me revoir juste après.

Je m'empresse d'envoyer un message à mes parents et à mon mari qui attendent les résultats avec impatience, et un énorme stress évidement.

Le retour en taxi fut très agréable, avec une ambulancière très sympathique et pleine d'humour.

Mon sourire et ma bonne humeur ne me quittent pas de la soirée. En rentrant à la maison, j'enlace mon mari avec satisfaction et bonheur. Puis j'explique à mes enfants :

- Le médecin m'a fait passer des examens, et tout est normal. Maman n'est plus malade.

Ma fille reprit tout de suite :

- Donc tu n'as plus de microbes ?

- Ça ne s'appelle pas comme cela, mais oui, je n'ai plus rien de méchant en moi.

- Si ça revient, tu referas de la chimio ?

Comme quoi les enfants comprennent très bien, car je ne leur ai jamais expliqué la possibilité de récidive, mais ma fille de 7 ans, l'a pourtant bien compris.

- Oui tu as raison ma chérie. Mais je fais tout pour ne pas que ça revienne. Le médicament que je prends tous les soir, c'est pour ça aussi.


Prochain contrôle l'année prochaine, en attendant je profite de ma vie de famille à fond.

## 24.   EN CONCLUSION


Je comptais annuler mon rendez-vous gynéco-logique quelques jours auparavant, ça aurait été une grossière erreur. Les délais sont tellement longs qu'arrivée à la date, ça m'embêtait d'y aller, de perdre mon temps, surtout que mon mari était en vacances. Mais il m'a dit d'y aller, il m'y a incitée, et bien heureusement, il en aurait été autrement pour moi.

C'est pourquoi je me considère chanceuse d'avoir pu découvrir ce cancer à temps. Même si en l'ayant découvert plus vite, les traitements auraient été moins lourds.

Maintenant je cherche le positif dans chaque situation. Et il y en a...

La maladie me permet de voir sur qui je peux compter et malheureusement mes deux grandes amies n'en font pas partie. Elles sont si peu présentes, qu'une distance s'est immiscée entre nous. J'ai reçu des messages du genre : " coucou quoi de neuf ? ". Je ne pense pas que ce soit le type de phrase à utiliser dans ces circonstances.

Lors de la perte de cheveux, je n'ai pu compter que sur moi-même et ma famille. Ne prenant pas de nouvelles, je ne me voyais pas leur écrire pour leur annoncer cette difficile période qui s'emparait de moi. Elles l'ont su quelques mois plus tard seulement. Et l'on m'a même fait comprendre que ça serait trop dur de me voir ainsi. Mais après tout, je n'y suis pour rien, elles devraient au contraire être encore plus présentes pour moi.

Je ne sais pas si c'est volontaire ou si elles ne savent pas comment s'y prendre, mais le constat reste le même. Aucun intérêt de les garder comme amies, je ne veux que des gens positifs et présents à mes côtés, des gens sur qui je peux compter à l'avenir.

A l'inverse, des connaissances, d'anciennes collègues de travail, des parents de l'école, m'ont fait part de leur compassion et de leurs encouragements par une tonne de démonstrations, ce qui m'a aidée à rester forte.

Ma famille, sans surprise, a été très présente pour moi. Et c'est ce qui est le plus important à mes yeux. Comme on dit " On choisit ses amis, on ne choisit pas sa famille." Alors il est toujours temps de m'en faire de nouveaux, sur lesquels je pourrai réellement compter cette fois.

Mon mari et mes enfants, ont été un réel moteur pour moi. Ils m'ont permis d'avancer sans frein, sans retenue, avec une énorme "niaque."

Pour mon mari ça a du être terrible de me voir tellement changer physiquement. Mon corps a été comme mutilé, une grande cicatrice a pris la place d'une jolie poitrine. Mes cheveux n'en parlons pas, je suis passée de cheveux long, blond foncé, à un crâne nu. Puis, ils ont repoussé bruns, frisés, à la Jakson Five. Avec l'hormonothérapie, des kilos en trop sont venus se greffer, et ont formé des bourrelets disgracieux. Mais ce n'est que partie remise, je vais me prendre en main, et puis je suis vivante et bien portante ! C'est le plus important.

Il a continué à me regarder avec amour et désir malgré tous ces changements physiques et je l'en remercie sincèrement. Notre amour en ressort plus fort.

Ne pas décevoir ma famille et guérir étaient devenus mes objectifs principaux.

Maintenant je m'imagine avec une jauge de bonheur que je remplis au fur et à mesure de tous les petits plaisirs quotidiens. Et il y en a, tous les jours, c'est juste que lorsque l'on est pris par notre routine habituelle, nous n'y prêtons pas attention. Nous sommes toujours en train de courir, pour le travail, pour aller chercher les enfants à l'école, faire le ménage. La vie est rythmée par une invasion de petites tâches journalières, qui nous empêchent d'avoir le temps de relever la tête et de s'enivrer de toutes les bonnes choses qui se présentent à nous.

De toutes petites choses peuvent remplir cette jauge de bonheur, un oiseau qui se pose dans le jardin, un petit escargot qui sort sa tête et avance délicatement sur ma fenêtre, un câlin de mes enfants, une conversation agréable, un bon repas dans un restaurant...

J'ai appris à m'émerveiller, à profiter pleinement de mes journées. On ne sait pas de quoi demain sera fait, notre vie peut malheureusement cesser en une fraction de seconde, et j'en ai pris conscience.

A votre tour ...